예수의 길

예수의 길
1979년 3월 초판
2013년 9월 개정판(4쇄)
2015년 6월 6쇄
옮겨엮은이 · 장익 | 펴낸이 · 박현동

ⓒ **분도출판사**

등록 · 1962년 5월 7일 라15호
718-806 경북 칠곡군 왜관읍 관문로 61
왜관 본사 · 전화 054-970-2400 · 팩스 054-971-0179
서울 지사 · 전화 02-2266-3605 · 팩스 02-2271-3605
www.bundobook.co.kr

ISBN 978-89-419-1312-2 03230

값 8,000원

* 신저작권법에 따라 보호를 받는 저작물이므로 무단 전재와 무단 복제를 금합니다.

예수의 길

옮겨엮은이 **장익**

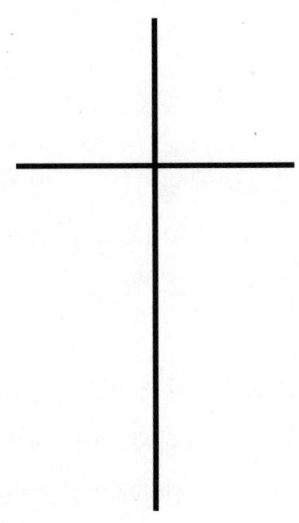

분도출판사

「예수의 길」을 따라

날로 융성하는 우리 교회의 활기찬 모습에 세상이 놀랍니다. 모두가 하느님의 특별한 은총이고 신앙 선열의 공덕이며, 교우 여러분의 좋은 표양과 선교 덕분입니다.

그런가 하면 오늘날 많은 교우가 비교적 근래에 신앙에 귀의한 터라 조금은 낯선 새로운 삶에 깊이 뿌리내리는 데 힘들어합니다. 더군다나 그리스도 신앙에 마음은 기울고 있으나, 이를테면 밖에서 안을 조금 더 살펴보고 발을 들이려는 분들에게는, 왠지 문이 쉽사리 열리지 않는 듯합니다.

그렇다면 나자렛 예수라는 분이 과연 모든 사람에게 참생명을 주는 구원자, 곧 그리스도라는 믿음에 귀의한다는 것은 무엇을 의미할까요?

한마디로 예수님은 어떤 분이실까요? 어떤 사람들과 어찌 사귀며 지내셨고 무엇을 말하고 행하신 것일까요?

그리고 또 나와는 어떤 상관이 있으며, 어찌하여 내 삶이 새롭게 달라져야 한다는 말일까요? 그래서 그리스도인이 된다는 것은 어떤 삶의 희망과 기쁨을 뜻할까요?

이런 절실한 물음에 성경의 산 증언을 근거로 차근차근 답하면서 우리가 나아갈 길을 친절히 인도해 주는 것이 바로『예수의 길』입니다.

삶의 길을 묻는 많은 분들, 특히 젊은이들에게 친절한 길잡이가 되기를 진심으로 바랍니다.

장익 십자가의 요한 주교
✝ 장 익 요한

[일러두기]
1. 성경 인용문은 『성경』(한국 천주교 주교회의 2005)을 따르되, 문맥에 따라 다듬었습니다.
2. 옮겨엮은이의 신학적 의도에 따라 부활 이후(본문 22-41장)부터는 '예수'를 '예수님'이라 높여 불렀습니다. 단, 성경 인용문은 『성경』의 호칭을 그대로 따랐습니다.

차례

『예수의 길』을 따라 _ 4

하나, 예수의 가르침
1 하느님은 아버지 _ 11
2 모두가 형제 _ 16
3 주님의 기도 _ 17
4 하느님 나라 _ 23
5 복음서 _ 24
6 구약 성경 _ 24
7 아버지와 세상 _ 25
8 아버지와 인간 _ 25
9 아버지 사랑의 증거 _ 26
10 복음의 시대로 _ 29

둘, 예수의 삶과 죽음
  11 나자렛 예수 _ 33

  12 예수의 세례 _ 35

  13 예수 주변의 사람들 _ 38

  14 사도들 _ 39

  15 제자들 _ 41

  16 반대자들 _ 51

  17 죽을 결의 _ 56

  18 최후의 만찬 _ 61

  19 저녁을 마치고 _ 64

  20 겟세마니 _ 67

  21 예수의 죽음 _ 69

셋, 아버지의 응답
  22 예수님의 부활 _ 75

  23 신앙 _ 83

  24 사도행전 _ 87

넷, 사랑의 숨으로
  25 성령 _ 89

  26 교회의 시초 _ 93

  27 교회 _ 98

  28 세례 _ 100

  29 사도들의 편지 _ 104

다섯, 신앙의 생활

  30 기도하는 마음 _ 107

  31 기쁨에 차서 _ 115

  32 괴로울 때면 _ 117

  33 희망을 잃지 않고 _ 120

  34 서로 도우며 _ 124

  35 평화를 찾아 _ 131

  36 가정에서 _ 132

  37 일 _ 135

  38 역할 _ 136

  39 교회와 미사 _ 140

  40 완성의 날 _ 142

  41 요한 묵시록 _ 147

책 끝에 _ 151

하나, 예수의 가르침

1 하느님은 아버지

나자렛 예수는 무엇을 가르쳤는가.

언제나 예수의 염두에 있었던 것은 아버지의 일이었습니다. 사랑 깊으신 아버지, 눈으로 뵐 수 없으면서도 당신 마음 안에서, 당신 둘레에서, 그리고 세상 만물 안에서 사랑의 눈길로 지켜보시는 아버지, 예수는 아버지를 이렇게 불렀던 것입니다.

    예수는 언제나 아버지 생각을 하고 있었습니다. 그래서 예수의 설교는 예수 자신을 이야기하는 것이 아니었습니다. 다만 아버지가 계시다는 것, 그리고 그 아버지가 어떤 분이시라는 것만 이야기하려 했습니다. 아버지가 얼마나 사랑 깊게 만물을 보살피시는가를 말하려 했던 것입니다.

하늘의 새들을 눈여겨보아라. 그것들은 씨를 뿌리지도 않고 거두지도 않을 뿐만 아니라 곳간에 모아들이지도 않는다. 그러나 하늘의 너희 아버지께서는 그것들을 먹여 주신다. 너희는 그것들보다 더 귀하지 않으냐? 들에 핀 나리꽃들이 어떻게 자라는지 지켜보아라. 그것들은 애쓰지도 않고 길쌈도 하지 않는다. 그러나 내가 너희에게 말한다. 솔로몬도 그 온갖 영화 속에서 이 꽃 하나만큼 차려입지 못하였다. 오늘 서 있다가도 내일이면 아궁이에 던져질 들풀까지 하느님께서 이처럼 입히시거든, 너희야 훨씬 더 잘 입히시지 않겠느냐?(마태 6,26-30).

아버지께서는 사람들이 어떻게 생각하든 언제나 자비로운 아버지십니다.

그분께서는 악인에게나 선인에게나 당신의 해가 떠오르게 하시고, 의로운 이에게나 불의한 이에게나 비를 내려 주신다(마태 5,45).

그리고 약한 이, 자신의 초라함을 슬퍼하고 죄스러움을 아파하는 이에게는 참으로 아버지가 되어 주십니다.

어떤 사람에게 아들이 둘 있었다. 그런데 작은아들이, "아버지, 재산 가운데에서 저에게 돌아올 몫을 주십시오" 하고 아버지에게 말하였다. 그래서 아버지는 아들들에게 가산을 나누어 주었다. 며칠 뒤에 작은아들은 자기 것을 모두 챙겨서 먼 고장으로 떠났다. 그러고는 그곳에서 방종한 생활을 하며 자기 재산을 허비하였다. 모든 것을 탕진하였을 즈음 그 고장에 심한 기근이 들어, 그가 곤궁에 허덕이기 시작하였다. 그래서 그 고장 주민을 찾아가서 매달렸다. 그 주민은 그를 자기 소유의 들로 보내어 돼지를 치게 하였다. 그는 돼지들이 먹는 열매 꼬투리로라도 배를 채우기를 간절히 바랐지만, 아무도 주지 않았다. 그제야 제정신이 든 그는 이렇게 말하였다. "내 아버지의 그 많은 품팔이꾼들은 먹을 것이 남아도는데, 나는 여기에서 굶어 죽는구나. 일어나 아버지께 가서 이렇게 말씀드려야지. '아버지, 제가 하늘과 아버지께 죄를 지었습니다. 저는 아버지의 아들이라고 불릴 자격이 없습니다. 저를 아버지의 품팔이꾼 가운데 하나로 삼아 주십시오.'" 그리하여 그는 일어나 아버지에게로 갔다. 그가 아직도 멀리 떨어져 있을 때에 아버지가 그를 보고 가엾은 마음이 들었다. 그리고 달려가 아들의 목을 껴안고 입을 맞추었다. 아들이 아버지에게 말하였다. "아버지, 제가 하늘과 아버지께 죄를 지었습니다. 저는 아버지의 아들이라고 불릴 자격이 없습니다." 그러나 아버지는 종들에게 일렀다. "어서 가장 좋은 옷을 가져다 입히고 손에 반지를 끼우고 발에 신발을 신겨 주어라. 그리고 살진 송아지를 끌어다가 잡아라. 먹고 즐기자. 나의 이 아들은 죽었다가 다시 살아났고 내가 잃었다가 도로 찾았다." 그리하여 그들은 즐거운 잔치를 벌이기 시작하였다.

그때에 큰아들은 들에 나가 있었다. 그가 집에 가까이 이르러 노래하며 춤추는 소리를 들었다. 그래서 하인 하나를 불러 무슨 일이냐고 묻자, 하인이 그에게 말하였다. "아우님이 오셨습니다. 아우님이 몸성히 돌아오셨다고 하여 아버님이 살진 송아지를 잡으셨습니다." 큰아들은 화가 나서 들어가려고도 하지 않았다. 그래서 아버지가 나와 그를 타이르자, 그가 아버지에게 대답하였다. "보십시오, 저는 여러 해 동안 종처럼 아버지를 섬기며 아버지의 명을 한 번도 어기지 않았습니다. 이러한 저에게 아버지는 친구들과 즐기라고 염소 한 마리 주신 적이 없습니다. 그런데 창녀들과 어울려 아버지의 가산을 들어먹은 저 아들이 오니까, 살진 송아지를 잡아 주시는군요." 그러자 아버지가 그에게 일렀다. "애야, 너는 늘 나와 함께 있고 내 것이 다 네 것이다. 너의 저 아우는 죽었다가 다시 살아났고 내가 잃었다가 되찾았다. 그러니 즐기고 기뻐해야 한다"(루카 15,11-32).

너희는 어떻게 생각하느냐? 어떤 사람에게 양 백 마리가 있는데 그 가운데 한 마리가 길을 잃으면, 아흔아홉 마리를 산에 남겨 둔 채 길 잃은 양을 찾아 나서지 않느냐? 그가 양을 찾게 되면, 내가 진실로 너희에게 말하는데, 길을 잃지 않은 아흔아홉 마리보다 그 한 마리를 두고 더 기뻐한다. 이와 같이 이 작은 이들 가운데 하나라도 잃어버리는 것은 하늘에 계신 너희 아버지의 뜻이 아니다(마태 18,12-14).

예수는 늘 아버지를 생각했고 마음속으로 아버지와 대화를 나누며 지냈습니다. 때로는 아버지를 입으로 소리 내어 부르기도 했습니다.

아버지,
아버지께 감사드립니다(마태 11,25).

예수는 우리도 자신과 같은 마음으로 아버지를 생각하며 살기를 바랍니다. 아버지의 자비에 힘입어 감사하는 마음으로 하루하루를 살 수만 있다면 어떤 생활을 하고 있든 삶의 의미를 반드시 찾게 될 것이라고 예수는 말합니다.

2 모두가 형제

예수는 또 이어 말합니다.

> 너희는
> 모두 형제다.
> 너희의 아버지는
> 오직 한 분,
> 하늘에 계신 그분뿐이시다(마태 23,8-9).

오직 한 분이신 아버지의 자비 안에 살고 있는 우리는 모두가 한 형제라고 말합니다. 그러니 서로 용서하고 사랑하지 않으면 안 된다는 것입니다. 우리가 서로 얼마나 차가운 마음으로 대하기에 이런 말을 듣겠습니까.

> 너희는 원수를 사랑하여라.
> 그래야 너희가 하늘에 계신 너희 아버지의 자녀가 될 수 있다(마태 5,44-45).

> 남이 너희에게 해 주기를 바라는
> 그대로

너희도 남에게 해 주어라(루카 6,31).

너희는 원수를 사랑하여라.
그에게 잘해 주고 아무것도 바라지 말고 꾸어 주어라.
그러면 너희는 지극히 높으신 분의 자녀가 될 것이다.
그분께서는 은혜를 모르는 자들과 악한 자들에게도 인자하시기
때문이다(루카 6,35).

예수는 마치 큰형처럼 타이르고 일깨우며, 무엇보다 모든 것을 몸소 실천합니다. 예수의 설교는 예수의 생활 안에 있습니다. 예수는 아버지를 생각하고 형제들을 생각하다, 마침내 그 짧은 생애를 다 불살라 버리고 죽습니다.

3 주님의 기도
예수는 이 생각을 담은 기도를 제자들에게 가르쳤습니다.

아버지
아버지의 이름을 거룩히 드러내시며
아버지의 나라가 오게 하소서.

날마다 저희에게 일용할 양식을 주시고
저희에게 잘못한 모든 이를 저희도 용서하오니
저희의 죄를 용서하시고
저희를 유혹에 빠지지 않게 하소서(루카 11,2-4).

이렇게 기도하라고 예수는 말합니다. 예수의 가르침이 이 짧은 기도 안에 그대로 담겨 있습니다.

"아버지."
이렇게밖에 또 어떻게 하느님을 불러야 마땅하겠습니까. 자비, 사랑, 우리를 감싸고 받쳐 주고 살리시는 분, 그 밖에도 여러 이름이 있겠지만 예수처럼 부르는 것이 제일 좋아 보입니다. 하느님께서는 모든 것을 보시고 모든 것을 아시는 분, 힘 있는 손, 바다 같은 자비, 언제 어디서나 우리 안에 계시면서 우리 곁을 떠나지 않으시는 분, 예수와 더불어 아버지라고밖에 부를 수 없는 분이십니다.

"아버지의 이름을 거룩히 드러내시며."
아버지의 이름을 모든 이가 몸과 마음으로 부르게 하소서. 어떤 이는 기쁨 가운데, 어떤 이는 괴로움 가운데 부르게 하소서. 그리고 누구 할 것 없이 감사하는 마음으로 아버지를 부르게 하소서. 이것이 예수의 염원이었고, 이것이 예수와 함께하는 이들의 염원이듯이.

"아버지의 나라가 오게 하소서."
아버지의 나라, 아버지의 다스림, 모두가 아버지를 알고 그 크신 힘 가운데 살며 자비와 사랑이 만물에 사무쳐 아무도 거스르는 자가 없게 하소서. 어떤 국경이라도 넘어서는 아버지의 나라, 사랑의 나라, 사랑만 가득한 나라, 그 나라가 오게 하소서. 오직 이것만이 우리 기다림입니다.

"날마다 저희에게 일용할 양식을 주시고."
오늘의 양식, 밥을 벌어먹기 위해 일하는 것이 어떠한지를 예수는 알고 있습니다. 예수는 목수의 아들로 태어났습니다. "사람은 밥만으로 사는 것이 아니다"라고 하였을 때도 밥이 얼마나 필요한가를 잘 알고 한 말이었습니다. 그러나 아울러 오늘의 양식에 얽힌 안타까움 저 깊이에는 더 근원적인 바람이 있음을, 기다림이 있음을 예수는 말합니다. 아버지의 나라가 실현되기를 우리 모두가 기다려 왔고, 또 날마다 기다리고 있는 것입니다. 우리 자신은 아니더라도 이 세상 어느 끝에선가, 아니 바로 이웃에서 오늘도 밥을 굶고 울고 있는 아이들이 있다는 현실이 그 나라가 오기를 재촉하는 것입니다.

"저희에게 잘못한 모든 이를 저희도 용서하오니
저희의 죄를 용서하시고."
우리가 아버지에게 용서받고 있는데도 여전히 남을 용서하지 않을 수는 없는 일입니다. 사랑하는 마음, 자비로운 마음이 없는 곳에서는 아직도 하느님 나라가 실현되었다고 할 수 없습니다. 그러나 아버지는 이미 우리를 용서하고 계시다고, 아버지의 자비의 나라는 벌써 열렸다고 예수는 말합니다.

"저희를 유혹에 빠지지 않게 하소서."
무엇이 우리를 아버지 자비에서 떼어 놓는 것일까요. 하느님 나라가 실현될 때까지 우리는 숱한 고뇌로 낙담할지 모릅니다. 그럴 때면 아버지께로 눈을 돌립시다. 우리가 가진 힘의 원천이 아버지가 아니면 또 어디에 있겠습니까. 유혹이 있다면 그것은 바로 아버지에게서 다른 데로 눈을 돌리는 것입니다. 아버지, 우리로 하여금 희망을 갖게 하소서.

베들레헴 원경

나자렛

4 하느님 나라

모든 것은 오늘의 문제입니다. 예수는 지금을, 바로 오늘을 말합니다. 오늘의 중요성을 말하고 있습니다.

> 하늘의 너희 아버지께서는 이 모든 것이 너희에게 필요함을 아신다. 너희는 먼저 하느님의 나라와 그분의 의로움을 찾아라. 내일을 걱정하지 마라. 내일 걱정은 내일이 할 것이다. 그날 고생은 그날로 충분하다(마태 6,32-34).

> 하느님의 나라는 너희 가운데에 있다(루카 17,21).

우리는 모름지기 이것을 깨달아야 합니다. 바로 이것이 예수가 설교한 하느님 나라*의 복음, 예수가 '기쁜 소식'이라고 부른 아버지의 가르침입니다.

> 때가 차서
> 하느님의 나라가 가까이 왔다.
> 회개하고
> 복음을 믿어라(마르 1,15).

●하느님 나라는 곧 하느님의 다스림을 뜻한다.

5 복음서

이 복음을 설교한 예수의 가르침과 행적은 나중에 제자들 손으로 쓰여 전해집니다. 그것이 복음서라는 책입니다. 복음서는 모두 네 권으로 되어 있고 쓴 사람의 이름을 따서 각각,

마태오 복음서
마르코 복음서
루카 복음서
요한 복음서

이렇게 부릅니다.

6 구약 성경

복음서를 읽어 보면 이런 것을 느끼게 됩니다. 즉 예수 자신도, 예수를 둘러싸고 가르침에 귀 기울이던 사람들도 모두 유다인이었고 따라서 복음서는 유다인 나름의 여러 사고방식, 전통, 풍습 등을 늘 전제하고 있다는 것입니다.

예수는 그런 것을 일일이 설명하지 않고 그냥 이야기합니다. 그렇다면 이제 예수가 어떤 뜻으로 말하고 행하였는가를

올바로 이해하기 위해 예수를 비롯한 당대인의 중심 사상을 살펴봅시다. 그것은 이른바 구약 성경입니다.

구약 성경이란 하느님 아버지께서 세상과 인간을 지으셨다는 천지창조 이야기인 창세기에서 시작하여, 인류, 특히 성경을 쓴 유다 민족의 역사와 전설을 바탕으로 많은 이야기를 그 안에 담은 문집입니다. 아버지의 사랑을 찬미하고 감사하며, 인류의 기쁨과 괴로움을 때로는 아름답게 때로는 슬프게 또 때로는 엄하게 써 가고 있습니다.

7 아버지와 세상

한처음에 하느님께서 하늘과 땅을 창조하셨습니다(창세 1,1).

물론 구약 성경이 어떤 과학적인 설명을 하고 있는 것은 아닙니다. 여러 가지 상징을 써 가며 세상에 대한 아버지의 사랑을 말하려는 것입니다.

8 아버지와 인간

아버지의 크나큰 사랑으로 감싸인 이 세상 안에서 인간은 아버지의 자식으로서 생명을 받습니다. 따라서, 인간은 이 세상, 이 우주와 깊은 인연을 맺고 있습니다. 다시 말해 이 우주 안에서, 창조된 세상의 이름으로 아버지의 사랑에 응답하며 살지 않으면 안 되는 것입니다. 이처럼 특별한 사명을 띤 인간이 언제나 그 사명을 완수한 것은 결코 아니었습니다. 힘차게 대지를 딛고 일어섰다고 생각하는 순간 어이없이 땅에 쓰러져, 인류는 고통, 슬픔, 잘못을 짊어지고 걸어가지 않으면 안 되었습니다.

9 아버지 사랑의 증거

그럼에도 불구하고 아버지께서는 인류를 못내 사랑하시어 유다 민족이라는 인류의 귀에 말씀을 건네 오십니다. 얼마나 깊은 사랑으로 인류를 보살피고 계시는가를 알리고 그 사랑의 증거를 보이시려는 것입니다.

> 하느님께서 대답하셨다.
> "내가 너와 함께 있겠다"(탈출 3,12).

유다 민족은 하느님의 사랑을 깨닫고 진심으로 보답하면서 살고자 합니다. 아울러 인간의 나약함도 뼈저리게 느낍니다.

그러자 백성이 다 함께, "주님*께서 이르신 모든 것을 우리가 실천하겠습니다" 하고 대답하였다(탈출 19,8).

하느님께서는 인류와 사랑의 보증을, 사랑의 증거의 계약을 맺으시는 것이었습니다. 유다 민족은 이 사랑을 찬미하며 이렇게 노래하였습니다.

온 세상아, 주님께 환성 올려라.
기뻐하며 주님을 섬겨라.
환호하며 그분 앞으로 나아가라.
너희는 알아라, 주님께서 하느님이심을.
그분께서 우리를 만드셨으니 우리는 그분의 것,
그분의 백성, 그분 목장의 양 떼이어라.
감사드리며 그분 문으로 들어가라.
찬양드리며 그분 앞뜰로 들어가라.
그분을 찬송하며 그 이름을 찬미하여라.
주님께서는 선하시고
그분의 자애는 영원하며
그분의 성실은 대대에 이르신다(시편 100,1-5).

* 유다인은 하느님을 주님이라 불렀다. 야훼라는 본이름은 좀처럼 부르지 않았다.

때로는 지치고 지쳐서 이렇게 기도합니다.

주님, 귀를 기울이시어 제게 응답하소서.
가련하고 불쌍한 이 몸입니다.
제 영혼을 지켜 주소서.
당신께 충실한 이 몸입니다.
당신은 저의 하느님
당신을 신뢰하는
이 종을 구해 주소서.
당신께 온종일 부르짖으니
주님, 저에게 자비를 베푸소서.
당신께 제 영혼을 들어 올리니
주님, 당신 종의 영혼을 기쁘게 하소서.
주님, 당신은 어지시고 기꺼이 용서하시는 분
당신을 부르는 모든 이에게 자애가 크십니다.
주님, 제 기도에 귀를 기울이시고
제 애원하는 소리를 귀여겨들으소서.
당신께서 제게 응답해 주시리니
곤경의 날 제가 당신께 부르짖습니다(시편 86,1-7).

때로는 희망에 넘쳐 노래하기도 합니다.

주님, 당신의 자애는 하늘에 있으며
당신의 성실은 구름까지 닿습니다.
주님, 당신의 정의는 드높은 산줄기 같고
당신의 공정은 깊은 바다 속 같아
당신께서는 사람과 짐승을 도와주십니다.
하느님, 당신의 자애가 얼마나 존귀합니까!
신들과 사람들이
당신 날개 그늘에 피신합니다.
그들은 당신 집의 기름기로 흠뻑 취하고
당신께서는 그들에게 당신 기쁨의 강물을 마시게 하십니다.
정녕 당신께는 생명의 샘이 있고
당신 빛으로 저희는 빛을 봅니다.
당신을 아는 이들에게 당신의 자애를,
마음 바른 이들에게 당신의 의로움을 늘 베푸소서(시편 36,6-11).

10 복음의 시대로

그러는 동안 인간의 마음이 하느님으로부터 멀어져 가면 갈

수록 하느님의 자비와 사랑은 오히려 점점 더 그 모습을 드러냅니다.

싸움에 지쳐 괴로워하는 유다의 겨레에게 예언자라고 불리는 이들이 나타나 하느님의 사랑을 말하고, 마음을 돌이켜 하느님께로 돌아오라고 재촉합니다. 그리고 하느님의 큰 사랑이 나타날 때가 다가왔다고 외칩니다.

> 너희는 기뻐하며
> 구원의 샘에서 물을 길으리라.
> 그날에 너희는 이렇게 말하리라.
> "주님을 찬송하여라. 그 이름을 받들어 불러라.
> 그 업적을 민족들에게 알리고
> 그 이름 높으심을 선포하여라.
> 위업을 이루셨으니 주님께 찬미 노래 불러라.
> 이를 온 세상에 알려라"(이사 12,3-5).

> 광야와 메마른 땅은 기뻐하여라.
> 사막은 즐거워하며 꽃을 피워라.
> 수선화처럼 활짝 피고
> 즐거워 뛰며 환성을 올려라.

그들이 주님의 영광을,

우리 하느님의 영화를 보리라.

마음이 불안한 이들에게 말하여라.

"굳세어져라, 두려워하지 마라.

보라, 너희의 하느님을!

그분께서 오시어 너희를 구원하신다"(이사 35,1-4).

그 시대가 지난 뒤에 내가 이스라엘* 집안과 맺어 줄 계약은 이러하다. 주님의 말씀이다. 나는 그들의 가슴에 내 법을 넣어 주고, 그들의 마음에 그 법을 새겨 주겠다. 그리하여 나는 그들의 하느님이 되고 그들은 나의 백성이 될 것이다. 그때에는 더 이상 아무도 자기 이웃에게, 아무도 자기 형제에게 "주님을 알아라" 하고 가르치지 않을 것이다. 그들이 낮은 사람부터 높은 사람까지 모두 나를 알게 될 것이기 때문이다. 주님의 말씀이다. 나는 그들의 허물을 용서하고, 그들의 죄를 더 이상 기억하지 않겠다 (예레 31,33-34).

자, 주님께 돌아가자.

주님을 알도록 힘쓰자.

그분의 오심은 새벽처럼 어김없다.

---

* 이스라엘은 유다 민족의 선조 야곱의 또 다른 이름이다. 그래서 유다 민족을 이스라엘 민족이라고도 부른다.

그분께서는 우리에게 비처럼,

땅을 적시는 봄비처럼 오시리라(호세 6,1-3).

우리 모두의 아버지는 한 분이 아니시냐?

한 분이신 하느님께서 우리를 창조하지 않으셨느냐?

그런데 어찌하여 우리는 서로 배신하며

우리 조상들의 계약을 더럽히는가?(말라 2,10).

"나 주님은 변하지 않는다.

그러니 야곱의 자손들아, 너희는 아직 끝나지 않았다.

너희는 조상 때부터 나의 규정에서 벗어나

그것을 지키지 않았다.

나에게 돌아오너라. 나도 너희에게 돌아가리라."

만군의 주님*께서 말씀하신다(말라 3,6-7).

예수가 태어나 바야흐로 복음을 알리기 시작한 것은, 이런 접근과 부름과 기다림의 시대도 끝날 무렵이었습니다.

---

*만군의 주님은 하느님의 위엄을 나타내는 히브리 말 표현이다.

둘, 예수의 삶과 죽음

11 나자렛 예수

예수는 서력 원년 무렵 팔레스티나에서 태어났습니다. 예수의 조국 유다 땅은 로마제국의 지배 아래 갖은 고통을 겪고 있었습니다. 가난한 이들은 오직 선조들이 가르친 대로 하느님의 사랑과 자비를 기다리고 바랄 뿐이었습니다. 예수의 집안도 역시 가난하여 목공 일을 하며 살아 나갔습니다.

그 무렵 아우구스투스 황제에게서 칙령이 내려, 온 세상이 호적 등록을 하게 되었다. 이 첫 번째 호적 등록은 퀴리니우스가 시리아 총독으로 있을 때에 실시되었다. 그래서 모두 호적 등록을 하러 저마다 자기 본향으로 갔다. 요셉도 갈릴래아 지방 나자렛 고을을 떠나 유다 지방, 베들레헴이라고 불리는 다윗 고을로 올라갔다. 그가 다윗 집안의 자손이었기 때문이다. 그는 자기와 약혼

한 마리아와 함께 호적 등록을 하러 갔는데, 마리아는 임신 중이었다. 그들이 거기에 머무르는 동안 마리아는 해산 날이 되어, 첫아들을 낳았다. 그들은 아기를 포대기에 싸서 구유에 뉘었다. 여관에는 그들이 들어갈 자리가 없었던 것이다(루카 2,1-7).

요셉은 아내가 아들을 낳을 때까지 잠자리를 같이하지 않았다. 그리고 아들의 이름을 예수라고 하였다(마태 1,25).

예수는 유년 시절을 나자렛에서 지냈습니다. 그러나 그때에도 이미 예수의 마음은 하느님이신 아버지를 향해 있었습니다.

예수님의 부모는 해마다 파스카 축제˙ 때면 예루살렘으로 가곤 하였다. 예수님이 열두 살 되던 해에도 이 축제 관습에 따라 그리로 올라갔다. 그런데 축제 기간이 끝나고 돌아갈 때에 소년 예수님은 예루살렘에 그대로 남았다. 그의 부모는 그것도 모르고, 일행 가운데에 있으려니 여기며 하룻길을 갔다. 그런 다음에야 친척들과 친지들 사이에서 찾아보았지만, 찾아내지 못하였다. 그래서 예루살렘으로 돌아가 그를 찾아다녔다. 사흘 뒤에야 성전에서 그를 찾아냈는데, 그는 율법 교사들 가운데에 앉아 그들의 말을 듣기도 하고 그들에게 묻기도 하고 있었다. 그의 말을

˙파스카 축제는 유다 최대의 제전으로, 유다 민족이 이집트에서 탈출한 것을 기념한다.

듣는 이들은 모두 그의 슬기로운 답변에 경탄하였다. 예수님의 부모는 그를 보고 무척 놀랐다. 예수님의 어머니가 "얘야, 우리에게 왜 이렇게 하였느냐? 네 아버지와 내가 너를 애타게 찾았단다" 하자, 그가 부모에게 말하였다. "왜 저를 찾으셨습니까? 저는 제 아버지의 집에 있어야 하는 줄을 모르셨습니까?" 그러나 그들은 예수님이 한 말을 알아듣지 못하였다(루카 2,41-50).

이렇게 아버지를 생각하는 소년 예수는 작고 조용한 마을 나자렛에서 밤낮없이 설교 생활을 준비하고 있었습니다.

12 예수의 세례

서른 살 남짓하여 예수는 나자렛을 떠나 요르단 강변의 광야로 나섰습니다. 예수의 설교 생활이 시작된 것입니다.

거기에서는 세례자 요한이라고 하는, 최후의 예언자라고 보아야 할 수행자가 사람들에게 회심을 권면하면서 물로 세례를 베풀고 있었습니다.

그 무렵에 세례자 요한이 나타나 유다 광야에서 이렇게 선포하였다. "회개하여라. 하늘 나라˙가 가까이 왔다." 요한은 이사야

˙하늘 나라와 하느님 나라는 같다. 마태오는 존경심에서 하늘을 대신 쓰고 있다.

예언자가 말한 바로 그 사람이다. 이사야는 이렇게 말하였다.
"광야에서 외치는 이의 소리.
'너희는 주님의 길을 마련하여라.
그분의 길을 곧게 내어라.'"
요한은 낙타 털로 된 옷을 입고 허리에 가죽 띠를 둘렀다. 그의 음식은 메뚜기와 들꿀이었다. 그때에 예루살렘과 온 유다와 요르단 부근 지방의 모든 사람이 그에게 나아가, 자기 죄를 고백하며 요르단 강에서 그에게 세례를 받았다(마태 3,1-6).

그때에 예수님께서는 요한에게 세례를 받으시려고 갈릴래아에서 요르단으로 그를 찾아가셨다. 그러나 요한은 "제가 선생님께 세례를 받아야 할 터인데 선생님께서 저에게 오시다니요?" 하면서 그분을 말렸다. 예수님께서는 "지금은 이대로 하십시오. 우리는 이렇게 해서 마땅히 모든 의로움을 이루어야 합니다" 하고 대답하셨다. 그제야 요한이 예수님의 뜻을 받아들였다. 예수님께서는 세례를 받으시고 곧 물에서 올라오셨다(마태 3,13-16).

그리고 물에서 올라오신 예수님께서는 곧 하늘이 갈라지며 성령께서 비둘기처럼 당신께 내려오시는 것을 보셨다. 이어 하늘에서 소리가 들려왔다. "너는 내가 사랑하는 아들, 내 마음에 드는 아들이다"(마르 1,10-11).

아버지의 성원에 힘입은 듯 예수는 광야로 갑니다. 사십 일의 단식과 온갖 시련을 극복한 끝에 예수는 하느님 나라의 복음을 알리고자 갈릴래아 호숫가에 있는 카파르나움에 자리를 잡고, 또 사명을 다하고자 거기서부터 온 팔레스티나를 두루 다닙니다.

예수님께서는 요한이 잡혔다는 말을 들으시고 갈릴래아로 물러가셨다. 그리고 나자렛을 떠나 즈불룬과 납탈리 지방 호숫가에 있는 카파르나움으로 가시어 자리를 잡으셨다. 이사야 예언자를 통하여 하신 말씀이 이루어지려고 그리된 것이다.
"즈불룬 땅과 납탈리 땅
바다로 가는 길, 요르단 건너편
이민족들의 갈릴래아,
어둠 속에 앉아 있는 백성이
큰 빛을 보았다.
죽음의 그림자가 드리운 고장에 앉아 있는 이들에게
빛이 떠올랐다"(마태 4,12-16).

13 예수 주변의 사람들

예수의 인격과 말씀에 감동하여 그 복음을 믿는 사람들은 수없이 많았습니다. 그들 대부분은 가난하면서도 마음으로 하느님을 찾고 있는 이들이었습니다.

> 예수님께서 눈을 들어 제자들을 보시며 말씀하셨다.
> "행복하여라, 가난한 사람들!
> 하느님의 나라가 너희 것이다.
> 행복하여라, 지금 굶주리는 사람들!
> 너희는 배부르게 될 것이다.
> 행복하여라, 지금 우는 사람들!
> 너희는 웃게 될 것이다"(루카 6,20-21).

그리고 예수는 또 이어 말합니다.

> 그러나 불행하여라, 너희 부유한 사람들!
> 너희는 이미 위로를 받았다.
> 불행하여라, 너희 지금 배부른 사람들!
> 너희는 굶주리게 될 것이다.
> 불행하여라, 지금 웃는 사람들!

너희는 슬퍼하며 울게 될 것이다(루카 6,24-25).

이렇게 예수는 자기를 둘러싼 사람들을 둘로 나누었습니다.

14 사도들

예수와 가장 가까이 지내던 이들은 예수와 고향이 같은 갈릴래아 호수 사람들이었습니다. 그들은 거의 다 어부들이었습니다.

> 예수님께서 갈릴래아 호숫가를 지나가시다가, 호수에 그물을 던지고 있는 시몬과 그의 동생 안드레아를 보셨다. 그들은 어부였다. 예수님께서 그들에게 이르셨다. "나를 따라오너라. 내가 너희를 사람 낚는 어부가 되게 하겠다." 그러자 그들은 곧바로 그물을 버리고 예수님을 따랐다(마르 1,16-18).

또 그들 중에는 당시 죄인이라고 낙인찍혀 천대받던 계급의 사람마저 있었습니다.

> 예수님께서 그곳을 떠나 길을 가시다가 마태오라는 사람이 세관

에 앉아 있는 것을 보시고 말씀하셨다. "나를 따라라." 그러자 마태오는 일어나 그분을 따랐다.

예수님께서 집에서 식탁에 앉게 되셨는데, 마침 많은 세리와 죄인도 와서 예수님과 그분의 제자들과 자리를 함께하였다. 그것을 본 바리사이들이 그분의 제자들에게 말하였다. "당신네 스승은 어째서 세리와 죄인들●과 함께 음식을 먹는 것이오?" 예수님께서 이 말을 들으시고 그들에게 말씀하셨다. "튼튼한 이들에게는 의사가 필요하지 않으나 병든 이들에게는 필요하다. 너희는 가서 '내가 바라는 것은 희생 제물이 아니라 자비다' 하신 말씀이 무슨 뜻인지 배워라. 사실 나는 의인이 아니라 죄인을 부르러 왔다"(마태 9,9-13).

예수는 이런 사람들 중에서 열둘을 가리어 뽑았습니다.

그 무렵에 예수님께서는 기도하시려고 산으로 나가시어, 밤을 새우며 하느님께 기도하셨다. 그리고 날이 새자 제자들을 부르시어 그들 가운데에서 열둘을 뽑으셨다. 그들을 사도라고도 부르셨는데, 그들은 베드로라고 이름을 지어 주신 시몬, 그의 동생 안드레아, 그리고 야고보, 요한, 필립보, 바르톨로메오, 마태오, 토마스, 알패오의 아들 야고보, 열혈당원이라고 불리는 시몬, 야

● 세리 · 목동 등 그 직업부터가 죄짓지 않고는 살 수 없는 것으로 간주되던 사람들이다.

고보의 아들 유다, 또 배신자가 된 유다 이스카리옷이다(루카 6, 12-16).

이들은 마침내 예수의 이름으로 온 세상에 복음을 전파하게 됩니다.

15 제자들

제자가 된 사람들은 무척 많았습니다. 유다는 물론 먼 지방에서까지도 예수를 찾아 모여들었습니다. 어떤 때는 예수를 뒤따라 며칠씩 쫓아다니는 사람의 무리가 수천을 헤아릴 정도였습니다. 이들 제자와 예수 사이에 일어난 여러 가지 일화가 있습니다.

> 바리사이* 가운데 니코데모라는 사람이 있었다. 그는 유다인들의 최고 의회 의원이었다. 그 사람이 밤에 예수님께 와서 말하였다. "스승님, 저희는 스승님이 하느님에게서 오신 스승이심을 알고 있습니다. 하느님께서 함께 계시지 않으면, 당신께서 일으키시는 그러한 표징들을 아무도 일으킬 수 없기 때문입니다." 그러자 예수님께서 그에게 이르셨다. "내가 진실로 진실로 너에게 말

---

* 바리사이파는 율법을 엄수하는 순수주의파이다.

한다. 누구든지 위로부터 태어나지 않으면 하느님의 나라를 볼 수 없다." 니코데모가 예수님께 말하였다. "이미 늙은 사람이 어떻게 또 태어날 수 있겠습니까? 어머니 배 속에 다시 들어갔다가 태어날 수야 없지 않습니까?" 예수님께서 대답하셨다. "내가 진실로 진실로 너에게 말한다. 누구든지 물과 성령으로 태어나지 않으면, 하느님 나라에 들어갈 수 없다. 육에서 태어난 것은 육이고 영에서 태어난 것은 영이다. '너희는 위로부터 태어나야 한다'고 내가 말하였다고 놀라지 마라. 바람은 불고 싶은 데로 분다. 너는 그 소리를 들어도 어디에서 와 어디로 가는지 모른다. 영에서 태어난 이도 다 이와 같다"(요한 3,1-8).

그래서 예수님께서는 유다를 떠나 다시 갈릴래아로 가셨다. 그때에 사마리아를 가로질러 가셔야 했다. 그렇게 하여 예수님께서는 야곱이 자기 아들 요셉에게 준 땅에서 가까운 시카르라는 사마리아의 한 고을에 이르셨다. 그곳에는 야곱의 우물이 있었다. 길을 걷느라 지치신 예수님께서는 그 우물가에 앉으셨다. 때는 정오 무렵이었다.

마침 사마리아 여자 하나가 물을 길으러 왔다. 그러자 예수님께서 "나에게 마실 물을 좀 다오" 하고 그 여자에게 말씀하셨다. 제자들은 먹을 것을 사러 고을에 가 있었다. 사마리아 여자가 예수님께 말하였다. "선생님은 어떻게 유다 사람이시면서 사마리아 여자인 저에게 마실 물을 청하십니까?"● 사실 유다인들은 사마리아인들과 상종하지 않았다. 예수님께서 그 여자에게 대답하셨다. "네가 하느님의 선물을 알고 또 '나에게 마실 물을 좀 다오' 하고 너에게 말하는 이가 누구인지 알았더라면, 오히려 네가 그에게 청하고 그는 너에게 생수를 주었을 것이다." 그러자 그 여자가 예수님께 말하였다. "선생님, 두레박도 가지고 계시지 않고 우물도 깊은데, 어디에서 그 생수를 마련하시렵니까? 선생님이 저희 조상 야곱보다 더 훌륭한 분이시라는 말씀입니까? 그분께서 저희에게 이 우물을 주셨습니다. 그분은 물론 그분의 자녀들과 가축들도 이 우물물을 마셨습니다." 예수님께서 그 여자에게 이르셨다. "이 물을 마시는 자는 누구나 다시 목마를 것이다. 그러나 내가 주는 물을 마시는 사람은 영원히 목마르지 않을 것이다. 내가 주는 물은 그 사람 안에서 물이 솟는 샘이 되어 영원한 생명을 누리게 할 것이다." 그러자 그 여자가 예수님께 말하였다. "선생님, 그 물을 저에게 주십시오. 그러면 제가 목마르지도 않고, 또 물을 길으러 이리 나오지 않아도 되겠습니다."
예수님께서 그 여자에게, "가서 네 남편을 불러 이리 함께 오너라" 하고 말씀하셨다. 그 여자가 "저는 남편이 없습니다" 하고 대답하자, 예수님께서 말씀하셨다. "'저는 남편이 없습니다' 한

● 유다인들은 사마리아인들이 신앙에 순전치 못하다고 멸시했다.

것은 맞는 말이다. 너는 남편이 다섯이나 있었지만 지금 함께 사는 남자도 남편이 아니니, 너는 바른 대로 말하였다." 여자가 예수님께 말하였다. "선생님, 이제 보니 선생님은 예언자시군요. 저희 조상들은 이 산에서 예배를 드렸습니다. 그런데 선생님네는 예배를 드려야 하는 곳이 예루살렘에 있다고 말합니다." 예수님께서 그 여자에게 말씀하셨다. "여인아, 내 말을 믿어라. 너희가 이 산도 아니고 예루살렘도 아닌 곳에서 아버지께 예배를 드릴 때가 온다. 너희는 알지도 못하는 분께 예배를 드리지만, 우리는 우리가 아는 분께 예배를 드린다. 구원은 유다인들에게서 오기 때문이다. 그러나 진실한 예배자들이 영과 진리 안에서 아버지께 예배를 드릴 때가 온다. 지금이 바로 그때다. 사실 아버지께서는 이렇게 예배를 드리는 이들을 찾으신다. 하느님은 영이시다. 그러므로 그분께 예배를 드리는 이는 영과 진리 안에서 예배를 드려야 한다."
그 여자가 예수님께, "저는 그리스도라고도 하는 메시아께서 오신다는 것을 압니다. 그분께서 오시면 우리에게 모든 것을 알려 주시겠지요" 하였다. 그러자 예수님께서 그 여자에게 말씀하셨다. "너와 말하고 있는 내가 바로 그 사람이다"(요한 4,3-26).

그들이 길을 가다가 예수님께서 어떤 마을에 들어가셨다. 그러

요르단 강

유혹의 산

자 마르타라는 여자가 예수님을 자기 집으로 모셔 들였다. 마르타에게는 마리아라는 동생이 있었는데, 마리아는 주님의 발치에 앉아 그분의 말씀을 듣고 있었다. 그러나 마르타는 갖가지 시중드는 일로 분주하였다. 그래서 예수님께 다가가, "주님, 제 동생이 저 혼자 시중들게 내버려 두는데도 보고만 계십니까? 저를 도우라고 동생에게 일러 주십시오" 하고 말하였다. 주님께서 마르타에게 대답하셨다. "마르타야, 마르타야! 너는 많은 일을 염려하고 걱정하는구나. 그러나 필요한 것은 한 가지뿐이다. 마리아는 좋은 몫을 선택하였다. 그리고 그것을 빼앗기지 않을 것이다"(루카 10,38-42).

예수님께서는 백성에게 들려주시던 말씀들을 모두 마치신 다음, 카파르나움에 들어가셨다. 마침 어떤 백인대장의 노예가 병들어 죽게 되었는데, 그는 주인에게 소중한 사람이었다. 이 백인대장이 예수님의 소문을 듣고 유다인의 원로들을 그분께 보내어, 와서 자기 노예를 살려 주십사고 청하였다. 이들이 예수님께 다가와 이렇게 말하며 간곡히 청하였다. "그는 선생님께서 이 일을 해 주실 만한 사람입니다. 그는 우리 민족을 사랑할 뿐만 아니라 우리에게 회당도 지어 주었습니다." 그리하여 예수님께서 그들과 함께 가셨다. 그런데 백인대장의 집에서 그리 멀지 않은 곳에 이르셨을 때, 백인대장이 친구들을 보내어 예수님께 아뢰었다. "주님, 수고하실 것 없습니다. 저는 주님을 제 지붕 아래로 모실 자격이 없습니다. 그래서 제가 주님을 찾아뵙기에도 합당하지 않다고 여겼습니다. 그저 말씀만 하시어 제 종이 낫게 해 주십시오. 사실 저는 상관 밑에 매인 사람입니다만 제 밑으로도 군사들이 있어서, 이 사람에게 가라 하면 가고 저 사람에게 오라 하면 옵니다. 또 제 노예더러 이것을 하라 하면 합니다." 이 말을 들으시고 예수님께서는 백인대장에게 감탄하시며, 당신을 따르는 군중에게 돌아서서 말씀하셨다. "내가 너희에게 말한다. 나는 이스라엘에서 이런 믿음을 본 일이 없다." 심부름 왔던 이들이 집에 돌아가 보니 노예는 이미 건강한 몸이 되어 있었다(루카 7,1-10).

예수님께서 예리코에 들어가시어 거리를 지나가고 계셨다. 마침 거기에 자캐오라는 사람이 있었는데, 그는 세관장이고 또 부자였다. 그는 예수님께서 어떠한 분이신지 보려고 애썼지만 군중에 가려 볼 수가 없었다. 키가 작았기 때문이다. 그래서 앞질러 달려가 돌무화과나무로 올라갔다. 그곳을 지나시는 예수님을 보려는 것이었다. 예수님께서 거기에 이르러 위를 쳐다보시며 그에게 이르셨다. "자캐오야, 얼른 내려오너라. 오늘은 내가 네 집에 머물러야 하겠다." 자캐오는 얼른 내려와 예수님을 기쁘게 맞아들였다. 그것을 보고 사람들은 모두 "저이가 죄인의 집에 들어가 묵는군" 하고 투덜거렸다. 그러나 자캐오는 일어서서 주님께 말하였다. "보십시오, 주님! 제 재산의 반을 가난한 이들에게 주겠습니다. 그리고 제가 다른 사람 것을 횡령하였다면 네 곱절로 갚겠습니다." 그러자 예수님께서 그에게 이르셨다. "오늘 이 집에 구원이 내렸다. 이 사람도 아브라함의 자손이기 때문이다. 사람의 아들은 잃은 이들을 찾아 구원하러 왔다"(루카 19,1-10).

바리사이 가운데 어떤 이가 자기와 함께 음식을 먹자고 예수님을 초청하였다. 그리하여 예수님께서는 그 바리사이의 집에 들어가시어 식탁에 앉으셨다. 그 고을에 죄인인 여자가 하나 있었는데, 예수님께서 바리사이의 집에서 음식을 잡수시고 계시다는 것을 알고 왔다. 그 여자는 향유가 든 옥합을 들고서 예수님 뒤쪽 발치에 서서 울며, 눈물로 그분의 발을 적시기 시작하더니 자기의 머리카락으로 닦고 나서, 그 발에 입을 맞추고 향유를 부어 발랐다.
예수님을 초대한 바리사이가 그것을 보고, '저 사람이 예언자라면, 자기에게 손을 대는 여자가 누구이며 어떤 사람인지, 곧 죄인인 줄 알 터인데' 하고 속으로 말하였다. 그때에 예수님께서 말씀하셨다. "시몬아, 너에게 할 말이 있다." 시몬이 "스승님, 말쏨하십시오" 하였다. "어떤 채권자에게 채무자가 둘 있었다. 한 사람은 오백 데나리온*을 빚지고 다른 사람은 오십 데나리온을 빚졌다. 둘 다 갚을 길이 없으므로 채권자는 그들에게 빚을 탕감해 주었다. 그러면 그들 가운데 누가 그 채권자를 더 사랑하겠느냐?" 시몬이 "더 많이 탕감받은 사람이라고 생각합니다" 하고 대답하자, 예수님께서 "옳게 판단하였다" 하고 말씀하셨다. 그리고 그 여자를 돌아보시며 시몬에게 이르셨다. "이 여자를 보아라. 내가 네 집에 들어왔을 때 너는 나에게 발 씻을 물도 주지 않았다. 그러나 이 여자는 눈물로 내 발을 적시고 자기의 머리카락으로 닦아 주었다. 너는 나에게 입을 맞추지 않았지만, 이 여자는 내가 들어왔을 때부터 줄곧 내 발에 입을 맞추었다. 너는 내 머리에 기름을 부어 발라 주지 않았다. 그러나 이 여자는 내 발에 향유를 부어 발라 주었다. 그러므로 내가 너에게 말한다. 이 여자는 그 많은 죄를 용서받았다. 그래서 큰 사랑을 드러낸 것이다. 그러나 적게 용서받은 사람은 적게 사랑한다." 그리고 나서 예수님께서는 그 여자에게 말씀하셨다. "너는 죄를 용서받았다" (루카 7,36-48).

예수님께서 아직 군중에게 말씀하고 계시는데, 그분의 어머니와 형제들이 그분과 이야기하려고 밖에 서 있었다. 그래서 어떤 이

* 한 데나리온은 하루 품삯에 상당한다.

가 예수님께, "보십시오, 스승님의 어머님과 형제들이 스승님과 이야기하려고 밖에 서 계십니다" 하고 말하였다. 그러자 예수님께서 당신께 말한 사람에게, "누가 내 어머니고 누가 내 형제들이냐?" 하고 반문하셨다. 그리고 당신의 제자들을 가리키시며 이르셨다. "이들이 내 어머니고 내 형제들이다. 하늘에 계신 내 아버지의 뜻을 실행하는 사람이 내 형제요 누이요 어머니다"(마태 12,46-50).

예수님께서 헌금함 맞은쪽에 앉으시어, 사람들이 헌금함에 돈을 넣는 모습을 보고 계셨다. 많은 부자들이 큰 돈을 넣었다. 그런데 가난한 과부 한 사람이 와서 렙톤 두 닢을 넣었다. 그것은 콰드란스 한 닢인 셈이다. 예수님께서 제자들을 가까이 불러 이르셨다. "내가 진실로 너희에게 말한다. 저 가난한 과부가 헌금함에 돈을 넣은 다른 모든 사람보다 더 많이 넣었다. 저들은 모두 풍족한 데에서 얼마씩 넣었지만, 저 과부는 궁핍한 가운데에서 가진 것을, 곧 생활비를 모두 다 넣었기 때문이다"(마르 12,41-44).

16 반대자들
한편 예수의 일을 좋지 않게 생각하는 이들도 물론 적잖이 있었습니다. 그 선두에는 율법 학자* 및 바리사이파 사람들이 섰는데 이들은 예부터 전해 내려오는 유다 전통을 충실히 지켜 나가려 할 뿐, 형식에 치우쳐 가장 중요한 것은 오히려 못 알아듣고 그저 예수를 전통의 파괴자로, 위험인물로만 보고 있었습니다. 그래서 사사건건 예수를 비판하였으나 예수는 이에 준엄하게 대응했습니다.

그때에 예수님께서 군중과 제자들에게 말씀하셨다. "율법 학자들과 바리사이들은 모세의 자리에 앉아 있다. 그러니 그들이 너희에게 말하는 것은 다 실행하고 지켜라. 그러나 그들의 행실은 따라 하지 마라. 그들은 말만 하고 실행하지는 않는다. 또 그들은 무겁고 힘겨운 짐을 묶어 다른 사람들 어깨에 올려놓고, 자기들은 그것을 나르는 일에 손가락 하나 까딱하려고 하지 않는다. 그들이 하는 일이란 모두 다른 사람들에게 보이기 위한 것이다. 그래서 성구갑을 넓게 만들고 옷자락 술을 길게 늘인다. 잔칫집에서는 윗자리를, 회당에서는 높은 자리를 좋아하고, 장터에서 인사받기를, 사람들에게 스승이라고 불리기를 좋아한다. 그러나 너희는 스승이라고 불리지 않도록 하여라. 너희의 스승님은 한 분뿐이시고 너희는 모두 형제다. 또 이 세상 누구도 아버지라고 부르지 마라. 너희의 아버지는 오직 한 분, 하늘에 계신 그분뿐

---

* 율법 학자는 중산층 독실파 바리사이와는 달리 제대로 공부한 율사들이다.

이시다. 그리고 너희는 선생이라고 불리지 않도록 하여라. 너희의 선생님은 그리스도 한 분뿐이시다. 너희 가운데에서 가장 높은 사람은 너희를 섬기는 사람이 되어야 한다. 누구든지 자신을 높이는 이는 낮아지고 자신을 낮추는 이는 높아질 것이다"(마태 23,1-12).

자기만 옳다고 생각하고 타인을 판단하는 식의 독선적 태도가 예수로서는 그냥 보아 넘길 수 없는 위선이 아닐 수 없었습니다.

"너희 아버지께서 자비하신 것처럼 너희도 자비로운 사람이 되어라. 남을 심판하지 마라. 그러면 너희도 심판받지 않을 것이다. 남을 단죄하지 마라. 그러면 너희도 단죄받지 않을 것이다. 용서하여라. 그러면 너희도 용서받을 것이다. 주어라. 그러면 너희도 받을 것이다. 누르고 흔들어서 넘치도록 후하게 되어 너희 품에 담아 주실 것이다. 너희가 되질하는 바로 그 되로 너희도 되받을 것이다."

예수님께서는 비유를 들어 그들에게 이르셨다. "눈먼 이가 눈먼 이를 인도할 수야 없지 않으냐? 둘 다 구덩이에 빠지지 않겠느냐? 제자는 스승보다 높지 않다. 그러나 누구든지 다 배우고 나면 스승처럼 될 것이다. 너는 어찌하여 형제의 눈 속에 있는 티는 보면서, 네 눈 속에 있는 들보는 깨닫지 못하느냐? 네 눈 속에 있는 들보는 보지 못하면서, 어떻게 형제에게 '아우야! 가만, 네 눈 속에 있는 티를 빼내 주겠다' 하고 말할 수 있느냐? 위선자야, 먼저 네 눈에서 들보를 빼내어라. 그래야 네가 형제의 눈에 있는 티를 뚜렷이 보고 빼낼 수 있을 것이다"(루카 6,36-42).

예수님께서는 또 스스로 의롭다고 자신하며 다른 사람들을 업신여기는 자들에게 이 비유를 말씀하셨다. "두 사람이 기도하러 성전에 올라갔다. 한 사람은 바리사이였고 다른 사람은 세리였다. 바리사이는 꼿꼿이 서서 혼잣말로 이렇게 기도하였다. '오, 하느님! 제가 다른 사람들, 강도짓을 하는 자나 불의를 저지르는 자나 간음을 하는 자와 같지 않고 저 세리와도 같지 않으니, 하느님께 감사드립니다. 저는 일주일에 두 번 단식하고 모든 소득의 십일조를 바칩니다.' 그러나 세리는 멀찍이 서서 하늘을 향하여 눈을 들 엄두도 내지 못하고 가슴을 치며 말하였다. '오, 하느님! 이 죄인을 불쌍히 여겨 주십시오.' 내가 너희에게 말한다. 그 바리사이가 아니라 이 세리가 의롭게 되어 집으로 돌아갔다. 누구든지 자신을 높이는 이는 낮아지고 자신을 낮추는 이는 높아질 것이다"(루카 18,9-14).

예수님께서는 올리브 산으로 가셨다. 이른 아침에 예수님께서 다시 성전에 가시니 온 백성이 그분께 모여들었다. 그래서 그분께서는 앉으셔서 그들을 가르치셨다. 그때에 율법 학자들과 바리사이들이 간음하다 붙잡힌 여자를 끌고 와서 가운데에 세워 놓고, 예수님께 말하였다. "스승님, 이 여자가 간음하다 현장에서 붙잡혔습니다. 모세*는 율법에서 이런 여자에게 돌을 던져 죽이라고 우리에게 명령하였습니다. 스승님 생각은 어떠하십니까?" 그들은 예수님을 시험하여 고소할 구실을 만들려고 그렇게 말한 것이다. 그러나 예수님께서는 몸을 굽히시어 손가락으로 땅에 무엇인가 쓰기 시작하셨다. 그들이 줄곧 물어 대자 예수님께서 몸을 일으키시어 그들에게 이르셨다. "너희 가운데 죄 없는 자가 먼저 저 여자에게 돌을 던져라." 그리고 다시 몸을 굽히시어 땅에 무엇인가 쓰셨다. 그들은 이 말씀을 듣고 나이 많은 자들부터 시작하여 하나씩 하나씩 떠나갔다. 마침내 예수님만 남으시고 여자는 가운데에 그대로 서 있었다. 예수님께서 몸을 일으키시고 그 여자에게, "여인아, 그자들이 어디 있느냐? 너를 단죄한 자가 아무도 없느냐?" 하고 물으셨다. 그 여자가 "선생님, 아무도 없습니다" 하고 대답하자, 예수님께서 이르셨다. "나도 너를 단죄하지 않는다. 가거라. 그리고 이제부터 다시는 죄짓지 마라"(요한 8,1-11).

* 모세는 이스라엘 백성을 이집트에서 이끌어 내고 십계명을 전했다.

17 죽을 결의

내리 삼 년, 예수는 설교를 하면서 줄곧 길을 걸었습니다. 그러나 급기야 큰 시련에 부딪쳤습니다. 곧 복음을 전하는 사명을 다하기 위해서는 죽지 않으면 안 된다는 현실이 그것이었습니다. 율법 학자와 바리사이파, 그리고 제관들로 이루어진 사두가이파* 등은 예수를 없앨 궁리를 하고 있었습니다. 예수는 고뇌하였습니다. 그러나 아버지를 말하고 아버지로부터 받은 사명을 다하는 것 외에 또 무슨 길이 있었겠습니까.

'도피해서는 안 된다. 사명을 완수할 따름이다.' 그는 이렇게 생각하였습니다.

> 내가 아버지를 사랑한다는 것과 아버지께서 명령하신 대로 내가 한다는 것을 세상이 알아야 한다(요한 14,31).

예수는 죽음을 결심하고 마지막으로 예루살렘 길에 오릅니다. 예수의 마음을 모르는 군중은 예수가 왔다는 말에 한길로 마중을 나옵니다. 예수는 나귀를 타고 예루살렘 거리에 제자들과 더불어 들어갑니다. 아버지 생각에 죽을 결의로 마음을 굳힌 예수는 도성 한가운데 있는 성전에 이르러 장사꾼들의 모습을 보자 분개합니다.

●사두가이파는 사자의 부활, 천사, 영혼의 존재를 부인했다.

예수님께서 성전에 들어가시어 물건을 파는 이들을 쫓아내기 시작하시며, 그들에게 말씀하셨다. "'나의 집은 기도의 집이 될 것이다'라고 기록되어 있다. 그런데 너희는 이곳을 '강도들의 소굴'로 만들어 버렸다"(루카 19,45-46).

사람들이 아버지의 집이라고 해야 할 성전을 장터로, 돈벌이의 수단으로 만들어 놓았다는 것을 예수는 참을 수가 없었습니다. 성전은 유다인에게 마땅히 기도와 예배의 중심인 터였습니다. 예수는 여기서 마지막 설교 활동을 합니다.

예수님께서는 날마다 성전에서 가르치셨다. 수석 사제들과 율법 학자들과 백성의 지도자들은 예수님을 없앨 방법을 찾았다. 그러나 어떻게 해야 하는지 그 방도를 찾지 못하였다. 온 백성이 그분의 말씀을 들느라고 곁을 떠나지 않았기 때문이다(루카 19,47-48).

예수님께서 낮에는 성전에서 가르치시고, 밤에는 올리브 산이라고 불리는 곳으로 나가 묵곤 하셨다. 온 백성은 그분의 말씀을 들으려고 성전에 계신 그분께 이른 아침부터 모여들었다(루카 21, 37-38).

예수는 이 무렵의 설교에서 이렇게 말합니다.

나를 믿는 사람은 나를 믿는 것이 아니라 나를 보내신 분을 믿는 것이다. 그리고 나를 보는 사람은 나를 보내신 분을 보는 것이다. 나는 빛으로서 이 세상에 왔다. 나를 믿는 사람은 누구나 어둠 속에 머무르지 않게 하려는 것이다. 누가 내 말을 듣고 그것을 지키지 않는다 하여도, 나는 그를 심판하지 않는다. 나는 세상을 심판하러 온 것이 아니라 세상을 구원하러 왔기 때문이다 (요한 12,44-47).

내가 스스로 말하지 않고, 나를 보내신 아버지께서 무엇을 말하고 무엇을 이야기할 것인지 친히 나에게 명령하셨기 때문이다. 나는 그분의 명령이 영원한 생명임을 안다. 그래서 내가 하는 말은 아버지께서 나에게 말씀하신 그대로 하는 말이다(요한 12,49-50).

아버지로부터 받은 사명을 다하는 것, 이것이 예수의 마음이었습니다.

겐네사렛 호수

18 최후의 만찬

유다인으로서 가장 중요한 행사인 파스카가 다가오고 있었습니다. 그러나 예수의 주위에는 흉계가 꾸며지고 있었습니다.

> 파스카라고 하는 무교절●이 다가왔다. 수석 사제들과 율법 학자들은 백성이 두려워, 예수님을 어떻게 제거해야 할지 그 방법을 찾고 있었다.
> 그런데 사탄이 열두 제자 가운데 하나로 이스카리옷이라고 하는 유다에게 들어갔다. 그리하여 그는 수석 사제들과 성전 경비대장들을 찾아가 그들에게 예수님을 넘길 방도를 함께 의논하였다. 그들은 기뻐하며 그에게 돈을 주기로 합의를 보았다. 유다는 그것에 동의하고, 군중이 없을 때에 예수님을 그들에게 넘길 적당한 기회를 노렸다(루카 22,1-6).

그 이유야 어떻든 자기 제자의 배반이란 예수로서 쓰라린 일이 아닐 수 없었습니다. 제사 당일 예수는 사도들과 더불어 관습대로 저녁을 먹습니다.

> 시간이 되자 예수님께서 사도들과 함께 자리에 앉으셨다. 그리고 그들에게 이르셨다. "내가 고난을 겪기 전에 너희와 함께 이

● 본디 무교절은 누룩 없는 빵을 먹는 농경 축제지만, 훗날 파스카와 함께 지내며 이스라엘 백성이 이집트에서 해방된 것을 기념하게 된다.

파스카 음식을 먹기를 간절히 바랐다. 내가 너희에게 말한다. 파스카 축제가 하느님의 나라에서 다 이루어질 때까지 이 파스카 음식을 다시는 먹지 않겠다." 그리고 잔을 받아 감사를 드리시고 나서 이르셨다. "이것을 받아 나누어 마셔라. 내가 너희에게 말한다. 나는 이제부터 하느님의 나라가 올 때까지 포도나무 열매로 빚은 것을 결코 마시지 않겠다."
예수님께서는 또 빵을 들고 감사를 드리신 다음, 그것을 떼어 사도들에게 주시며 말씀하셨다. "이는 너희를 위하여 내어 주는 내 몸이다. 너희는 나를 기억하여 이를 행하여라." 또 만찬을 드신 뒤에 같은 방식으로 잔을 들어 말씀하셨다. "이 잔은 너희를 위하여 흘리는 내 피로 맺는 새 계약이다"(루카 22,14-20).

그리고 죽음을 앞두고 자기 마음을 사람들에게 전하고 싶어도 예수는 이제 더 이상 말만으로는 그 마음을 다 드러낼 수 없다고 느낍니다.

예수님께서는 이 세상에서 아버지께로 건너가실 때가 온 것을 아셨다. 그분께서는 이 세상에서 사랑하신 당신의 사람들을 끝까지 사랑하셨다(요한 13,1).

예수님께서는 아버지께서 모든 것을 당신 손에 내주셨다는 것을, 또 당신이 하느님에게서 나왔다가 하느님께 돌아간다는 것을 아시고, 식탁에서 일어나시어 겉옷을 벗으시고 수건을 들어 허리에 두르셨다. 그리고 대야에 물을 부어 제자들의 발을 씻어 주시고, 허리에 두르신 수건으로 닦기 시작하셨다.

그렇게 하여 예수님께서 시몬 베드로에게 이르시자 베드로가, "주님, 주님께서 제 발을 씻으시렵니까?" 하고 말하였다. 예수님께서는 "내가 하는 일을 네가 지금은 알지 못하지만 나중에는 깨닫게 될 것이다" 하고 대답하셨다. 그래도 베드로가 예수님께 "제 발은 절대로 씻지 못하십니다" 하니, 예수님께서 그에게 대답하셨다. "내가 너를 씻어 주지 않으면 너는 나와 함께 아무런 몫도 나누어 받지 못한다." 그러자 시몬 베드로가 예수님께 말하였다. "주님, 제 발만 아니라 손과 머리도 씻어 주십시오." 예수님께서 그에게 말씀하셨다. "목욕을 한 이는 온몸이 깨끗하니 발만 씻으면 된다. 너희는 깨끗하다. 그러나 다 그렇지는 않다." 예수님께서는 이미 당신을 팔아넘길 자를 알고 계셨다. 그래서 "너희가 다 깨끗한 것은 아니다" 하고 말씀하신 것이다.

예수님께서는 제자들의 발을 씻어 주신 다음, 겉옷을 입으시고 다시 식탁에 앉으셔서 그들에게 이르셨다. "내가 너희에게 한 일을 깨닫겠느냐? 너희가 나를 '스승님', 또 '주님' 하고 부르는데,

그렇게 하는 것이 옳다. 나는 사실 그러하다. 주님이며 스승인 내가 너희의 발을 씻었으면, 너희도 서로 발을 씻어 주어야 한다. 내가 너희에게 한 것처럼 너희도 하라고, 내가 본을 보여 준 것이다"(요한 13,3-15).

형제인 다른 사람들에게 겸허하게 봉사하는 마음, 이것이야말로 하느님을 향한 진심의 모습이며 발로인 것입니다.

19 저녁을 마치고

저녁을 끝내고 예수는 제자들과 마지막 대화를 나눕니다. 그것은 바로 유언이라 하겠습니다. 예수의 마음속 깊이에서 솟아 나오는 말입니다.

> 예수님께서 그에게 대답하셨다. "누구든지 나를 사랑하면 내 말을 지킬 것이다. 그러면 내 아버지께서 그를 사랑하시고, 우리가 그에게 가서 그와 함께 살 것이다. 그러나 나를 사랑하지 않는 사람은 내 말을 지키지 않는다. 너희가 듣는 말은 내 말이 아니라 나를 보내신 아버지의 말씀이다"(요한 14,23-24).

나는 너희에게 평화를 남기고 간다. 내 평화를 너희에게 준다. 내가 주는 평화는 세상이 주는 평화와 같지 않다. 너희 마음이 산란해지는 일도, 겁을 내는 일도 없도록 하여라. '나는 갔다가 너희에게 돌아온다'고 한 내 말을 너희는 들었다. 너희가 나를 사랑한다면 내가 아버지께 가는 것을 기뻐할 것이다. 아버지께서 나보다 위대하신 분이시기 때문이다(요한 14,27-28).

저녁을 먹고 나면 예수는 제자들과 겟세마니라는 조용한 동산으로 기도하러 가곤 했습니다. 어두워지는 예루살렘 거리를 빠져나가면서 예수는 제자들에게 말을 잇습니다.

너희가 많은 열매를 맺고 내 제자가 되면, 그것으로 내 아버지께서 영광스럽게 되실 것이다. 아버지께서 나를 사랑하신 것처럼 나도 너희를 사랑하였다. 너희는 내 사랑 안에 머물러라. 내가 내 아버지의 계명을 지켜 그분의 사랑 안에 머무르는 것처럼, 너희도 내 계명을 지키면 내 사랑 안에 머무를 것이다.
내가 너희에게 이 말을 한 이유는, 내 기쁨이 너희 안에 있고 또 너희 기쁨이 충만하게 하려는 것이다(요한 15,8-11).

내가 진실로 진실로 너희에게 말한다. 너희가 내 이름으로 아버지께 청하는 것은 무엇이든지 그분께서 너희에게 주실 것이다. 지금까지 너희는 내 이름으로 아무것도 청하지 않았다. 청하여라. 받을 것이다. 그리하여 너희 기쁨이 충만해질 것이다(요한 16,23-24).

그날에 너희는 내 이름으로 청할 것이다. 내가 너희를 위하여 아버지께 청하겠다는 말이 아니다. 바로 아버지께서 너희를 사랑하신다. 너희가 나를 사랑하고 또 내가 하느님에게서 나왔다는 것을 믿었기 때문이다. 나는 아버지에게서 나와 세상에 왔다가, 다시 세상을 떠나 아버지께 간다(요한 16,26-28).

예수님께서는 이렇게 이르시고 나서 하늘을 향하여 눈을 들어 말씀하셨다. "아버지, 때가 왔습니다"(요한 17,1).

영원한 생명이란 홀로 참하느님이신 아버지를 알고 아버지께서 보내신 예수 그리스도를 아는 것입니다. 아버지께서 저에게 하라고 맡기신 일을 완수하여, 저는 땅에서 아버지를 영광스럽게 하였습니다(요한 17,3-4).

저는 아버지께 갑니다. 거룩하신 아버지, 아버지께서 저에게 주신 이름으로 이들을 지키시어, 이들도 우리처럼 하나가 되게 해 주십시오(요한 17,11).

그들이 모두 하나가 되게 해 주십시오. 아버지, 아버지께서 제 안에 계시고 제가 아버지 안에 있듯이, 그들도 우리 안에 있게 해 주십시오. 그리하여 아버지께서 저를 보내셨다는 것을 세상이 믿게 하십시오. 아버지께서 저에게 주신 영광을 저도 그들에게 주었습니다. 우리가 하나인 것처럼 그들도 하나가 되게 하려는 것입니다. 저는 그들 안에 있고 아버지께서는 제 안에 계십니다. 이는 그들이 완전히 하나가 되게 하려는 것입니다. 그리고 아버지께서 저를 보내시고, 또 저를 사랑하셨듯이 그들도 사랑하셨다는 것을 세상이 알게 하려는 것입니다(요한 17,21-23).

저는 그들에게 아버지의 이름을 알려 주었고 앞으로도 알려 주겠습니다. 아버지께서 저를 사랑하신 그 사랑이 그들 안에 있고 저도 그들 안에 있게 하려는 것입니다(요한 17,26).

20 겟세마니
겟세마니 동산에 이르러서는 죽음에 당면한 괴로움을 벗어나고 싶은 마음과 사명을 다하려는 아버지에 대한 진심이 서로 엇갈려 고통스러운 나머지 예수는 무릎을 꿇고 간구합니다.

> 아버지, 아버지께서 원하시면 이 잔*을 저에게서 거두어 주십시오. 그러나 제 뜻이 아니라 아버지의 뜻이 이루어지게 하십시오 (루카 22,42).

> 예수님께서 고뇌에 싸여 더욱 간절히 기도하시니, 땀이 핏방울처럼 되어 땅에 떨어졌다(루카 22,44).

예수가 이토록 괴로워하고 있을 때 제자들은 잠을 자고 있었습니다.

> 그리고 나서 돌아와 보시니 제자들은 자고 있었다. 그래서 베드로에게 "시몬아, 자고 있느냐? 한 시간도 깨어 있을 수 없더란 말이냐? 너희는 유혹에 빠지지 않도록 깨어 기도하여라. 마음은 간절하나 몸이 따르지 못한다" 하셨다(마르 14,37-38).

그러나 예수는 결국 이겨 내고 결연히 사지死地를 향하는 것이었습니다.

● 잔은 고배, 즉 고난이다.

이제 되었다.

일어나 가자(마르 14,41-42).

21 예수의 죽음

유다는 제관 및 바리사이파 사람들에게 자기의 스승 예수를 넘겼습니다. 사람들은 예수를 사형에 처하기 위해 날이 새자 총독 빌라도*에게 넘겼는데, 빌라도는 예수가 무죄함을 알면서도 소동이 두려워 사형을 선고했습니다. 조롱당하고 채찍으로 맞고 십자가를 진 예수는 처형장인 골고타 언덕으로 끌려갔습니다. 강도 두 명과 함께 십자가에 달렸습니다.

낮 열두 시부터 어둠이 온 땅에 덮여 오후 세 시까지 계속되었다. 오후 세 시쯤에 예수님께서 큰 소리로, "엘리 엘리 레마 사박타니?" 하고 부르짖으셨다. 이는 "저의 하느님, 저의 하느님, 어찌하여 저를 버리셨습니까?"라는 뜻이다(마태 27,45-46).

그리고 예수님께서 큰 소리로 외치셨다. "아버지, '제 영을 아버지 손에 맡깁니다.'" 이 말씀을 하시고 숨을 거두셨다(루카 23,46).

* 빌라도는 당시 로마제국의 치하에 놓인 팔레스티나의 총독이다.

예수가 십자가 위에서 숨을 거둔 것은 금요일 오후 세 시경의 일이었습니다. 제자들 가운데 예수의 죽음을 지켜본 것은 그의 어머니 마리아, 젊은 제자 요한, 그리고 몇몇 부인네들뿐이었습니다. 날이 저물 무렵 예수는 바위 굴 무덤에 묻히고 그 입구는 커다란 돌로 막혔습니다. 여기서 예수의 수난은 끝났습니다.

……

예수의 수난과 관련되는 구약 성경의 예언적 말씀들입니다.

> 주 하느님께서는 나에게
> 제자의 혀를 주시어
> 지친 이를 말로 격려할 줄 알게 하신다.
> 그분께서는 아침마다 일깨워 주신다.
> 내 귀를 일깨워 주시어
> 내가 제자들처럼 듣게 하신다.
> 주 하느님께서 내 귀를 열어 주시니
> 나는 거역하지도 않고
> 뒤로 물러서지도 않았다.

나는 매질하는 자들에게 내 등을,

수염을 잡아 뜯는 자들에게 내 뺨을 내맡겼고

모욕과 수모를 받지 않으려고

내 얼굴을 가리지도 않았다.

그러나 주 하느님께서 나를 도와주시니

나는 수치를 당하지 않는다.

그러기에 나는 내 얼굴을 차돌처럼 만든다.

나는 부끄러운 일을 당하지 않을 것임을 안다(이사 50,4-7).

너희 가운데 누가 주님을 경외하고

그분 종의 말에 순종하느냐?

빛이 없이

어둠 속을 걷는 자는

주님의 이름을 신뢰하고

자기 하느님께 의지하여라(이사 50,10).

우리가 들은 것을 누가 믿었던가?

주님의 권능이 누구에게 드러났던가?

그는 주님 앞에서 가까스로 돋아난 새순처럼,

메마른 땅의 뿌리처럼 자라났다.

그에게는 우리가 우러러볼 만한 풍채도 위엄도 없었으며
우리가 바랄 만한 모습도 없었다.
사람들에게 멸시받고 배척당한 그는
고통의 사람, 병고에 익숙한 이였다.
남들이 그를 보고 얼굴을 가릴 만큼
그는 멸시만 받았으며 우리도 그를 대수롭지 않게 여겼다.

그렇지만 그는 우리의 병고를 메고 갔으며
우리의 고통을 짊어졌다.
그런데 우리는 그를 벌받은 자,
하느님께 매맞은 자, 천대받은 자로 여겼다.
그러나 그가 찔린 것은 우리의 악행 때문이고
그가 으스러진 것은 우리의 죄악 때문이다.
우리의 평화를 위하여 그가 징벌을 받았고
그의 상처로 우리는 나았다.
우리는 모두 양 떼처럼 길을 잃고
저마다 제 길을 따라갔지만
주님께서는 우리 모두의 죄악이
그에게 떨어지게 하셨다.
학대받고 천대받았지만

그는 자기 입을 열지 않았다.
도살장에 끌려가는 어린 양처럼
털 깎는 사람 앞에 잠자코 서 있는 어미 양처럼
그는 자기 입을 열지 않았다.
그가 구속되어 판결을 받고 제거되었지만
누가 그의 운명에 대하여 생각해 보았던가?
정녕 그는 산 이들의 땅에서 잘려 나가고
내 백성의 악행 때문에 고난을 당하였다.
폭행을 저지르지도 않고
거짓을 입에 담지도 않았건만
그는 악인들과 함께 묻히고
그는 죽어서 부자들과 함께 묻혔다(이사 53,1-9).

그는 제 고난의 끝에 빛을 보고
자기의 예지로 흡족해하리라.
의로운 나의 종은 많은 이들을 의롭게 하고
그들의 죄악을 짊어지리라.
그러므로 나는 그가 귀인들과 함께 제 몫을 차지하고
강자들과 함께 전리품을 나누게 하리라.
이는 그가 죽음에 이르기까지 자신을 버리고

무법자들 가운데 하나로 헤아려졌기 때문이다.
또 그가 많은 이들의 죄를 메고 갔으며
무법자들을 위하여 빌었기 때문이다(이사 53,11-12).

셋, 아버지의 응답

22 예수님의 부활

예수님께서 돌아가신 것은 유다인의 안식일인 토요일 못 미쳐 금요일 저녁이었습니다. 안식일에는 일을 쉬는 법이었으므로 피와 땀투성이인 유해는 마땅히 씻지도 못한 채 그대로 묻혔습니다. 안식일이 끝나는 일요일, 즉 사흘째 되던 날 새벽에 제대로 장례를 지내려고 무덤을 찾아간 신심 깊은 부인네들은 무덤이 비어 있는 것을 보고 놀랐고 이를 제자들에게 알렸습니다.

주간 첫날 이른 아침, 아직도 어두울 때에 마리아 막달레나가 무덤에 가서 보니, 무덤을 막았던 돌이 치워져 있었다. 그래서 그 여자는 시몬 베드로와 예수님께서 사랑하신 다른 제자에게 달려가서 말하였다. "누가 주님을 무덤에서 꺼내 갔습니다. 어디에

모셨는지 모르겠습니다." 베드로와 다른 제자는 밖으로 나와 무덤으로 갔다. 두 사람이 함께 달렸는데, 다른 제자가 베드로보다 빨리 달려 무덤에 먼저 다다랐다. 그는 몸을 굽혀 아마포가 놓여 있는 것을 보기는 하였지만, 안으로 들어가지는 않았다. 시몬 베드로가 뒤따라와서 무덤으로 들어가 아마포가 놓여 있는 것을 보았다. 예수님의 얼굴을 쌌던 수건은 아마포와 함께 놓여 있지 않고, 따로 한곳에 개켜져 있었다. 그제야 무덤에 먼저 다다른 다른 제자도 들어갔다. 그리고 보고 믿었다(요한 20,1-8).

그런데 제자들은 다시 뜻밖의 체험을 하게 됩니다.

바로 그날 제자들 가운데 두 사람이 예루살렘에서 예순 스타디온 떨어진 엠마오라는 마을로 가고 있었다. 그들은 그동안 일어난 모든 일에 관하여 서로 이야기하였다. 그렇게 이야기하고 토론하는데, 바로 예수님께서 가까이 가시어 그들과 함께 걸으셨다. 그들은 눈이 가리어 그분을 알아보지 못하였다. 예수님께서 그들에게 "걸어가면서 무슨 말을 서로 주고받느냐?" 하고 물으시자, 그들은 침통한 표정을 한 채 멈추어 섰다. 그들 가운데 한 사람, 클레오파스라는 이가 예수님께, "예루살렘에 머물렀으면서 이 며칠 동안 그곳에서 일어난 일을 혼자만 모른다는 말입니까?" 하고 말하였다. 예수님께서 "무슨 일이냐?" 하시자 그들이 그분께 말하였다. "나자렛 사람 예수님에 관한 일입니다. 그분은 하느님과 온 백성 앞에서, 행동과 말씀에 힘이 있는 예언자셨습니다. 그런데 우리의 수석 사제들과 지도자들이 그분을 넘겨, 사형 선고를 받아 십자가에 못 박히시게 하였습니다. 우리는 그분이야말로 이스라엘을 해방하실 분이라고 기대하였습니다. 그 일이 일어난 지도 벌써 사흘째가 됩니다. 그런데 우리 가운데 몇몇 여자가 우리를 깜짝 놀라게 하였습니다. 그들이 새벽에 무덤으로 갔다가, 그분의 시신을 찾지 못하고 돌아와서 하는 말이, 천사들의 발현까지 보았는데 그분께서 살아 계시다고 천사들이 일러 주더랍니다. 그래서 우리 동료 몇 사람이 무덤에 가서 보니 그 여자들이 말한 그대로였고, 그분은 보지 못하였습니다."

그때에 예수님께서 그들에게 이르셨다. "아, 어리석은 자들아! 예언자들이 말한 모든 것을 믿는 데에 마음이 어찌 이리 굼뜨냐? 그리스도는 그러한 고난을 겪고서 자기의 영광 속에 들어가야 하는 것이 아니냐?" 그리고 이어서 모세와 모든 예언자로부터 시작하여 성경 전체에 걸쳐 당신에 관한 기록들을 그들에게 설명해 주셨다.

그들이 찾아가던 마을에 가까이 이르렀을 때, 예수님께서는 더 멀리 가려고 하시는 듯하였다. 그러자 그들은 "저희와 함께 묵으십시오. 저녁때가 되어 가고 날도 이미 저물었습니다" 하며 그분을 붙들었다. 그래서 예수님께서는 그들과 함께 묵으시려고 그 집에 들어가셨다. 그들과 함께 식탁에 앉으셨을 때, 예수님께서는 빵을 들고 찬미를 드리신 다음 그것을 떼어 그들에게 나누어 주셨다. 그러자 그들의 눈이 열려 예수님을 알아보았다. 그러나 그분께서는 그들에게서 사라지셨다. 그들은 서로 말하였다. "길에서 우리에게 말씀하실 때나 성경을 풀이해 주실 때 속에서 우리 마음이 타오르지 않았던가!"

그들이 곧바로 일어나 예루살렘으로 돌아가 보니 열한 제자와 동료들이 모여, "정녕 주님께서 되살아나시어 시몬에게 나타나셨다" 하고 말하고 있었다. 그들도 길에서 겪은 일과 빵을 떼실 때에 그분을 알아보게 된 일을 이야기해 주었다(루카 24,13-35).

그날 곧 주간 첫날 저녁이 되자, 제자들은 유다인들이 두려워 문을 모두 잠가 놓고 있었다. 그런데 예수님께서 오시어 가운데에 서시며, "평화가 너희와 함께!" 하고 그들에게 말씀하셨다. 이렇게 말씀하시고 나서 당신의 두 손과 옆구리를 그들에게 보여 주셨다. 제자들은 주님을 뵙고 기뻐하였다. 예수님께서 다시 그들에게 이르셨다. "평화가 너희와 함께! 아버지께서 나를 보내신 것처럼 나도 너희를 보낸다." 이렇게 이르시고 나서 그들에게 숨을 불어넣으며 말씀하셨다. "성령을 받아라. 너희가 누구의 죄든지 용서해 주면 그가 용서를 받을 것이고, 그대로 두면 그대로 남아 있을 것이다"(요한 20,19-23).

열두 제자 가운데 하나로서 '쌍둥이'라고 불리는 토마스는 예수님께서 오셨을 때에 그들과 함께 있지 않았다. 그래서 다른 제자들이 그에게 "우리는 주님을 뵈었소" 하고 말하였다. 그러나 토마스는 그들에게, "나는 그분의 손에 있는 못 자국을 직접 보고 그 못 자국에 내 손가락을 넣어 보고 또 그분 옆구리에 내 손을 넣어 보지 않고는 결코 믿지 못하겠소" 하고 말하였다.
여드레 뒤에 제자들이 다시 집 안에 모여 있었는데 토마스도 그들과 함께 있었다. 문이 다 잠겨 있었는데도 예수님께서 오시어 가운데에 서시며, "평화가 너희와 함께!" 하고 말씀하셨다. 그러고 나서 토마스에게 이르셨다. "네 손가락을 여기 대 보고 내 손을 보아라. 네 손을 뻗어 내 옆구리에 넣어 보아라. 그리고 의심을 버리고 믿어라." 토마스가 예수님께 대답하였다. "저의 주님, 저의 하느님!" 그러자 예수님께서 토마스에게 말씀하셨다. "너는 나를 보고서야 믿느냐? 보지 않고도 믿는 사람은 행복하다"(요한 20,24-29).

그 뒤에 예수님께서는 티베리아스 호숫가에서 다시 제자들에게 당신 자신을 드러내셨는데, 이렇게 드러내셨다. 시몬 베드로와 '쌍둥이'라고 불리는 토마스, 갈릴래아 카나 출신 나타나엘과 제베대오의 아들들, 그리고 그분의 다른 두 제자가 함께 있었다. 시몬 베드로가 그들에게 "나는 고기 잡으러 가네" 하고 말하자, 그들이 "우리도 함께 가겠소" 하였다. 그들이 밖으로 나가 배를 탔지만 그날 밤에는 아무것도 잡지 못하였다.

어느덧 아침이 될 무렵, 예수님께서 물가에 서 계셨다. 그러나 제자들은 그분이 예수님이신 줄을 알지 못하였다. 예수님께서 그들에게, "애들아, 무얼 좀 잡았느냐?" 하시자, 그들이 대답하였다. "못 잡았습니다." 예수님께서 그들에게 이르셨다. "그물을 배 오른쪽에 던져라. 그러면 고기가 잡힐 것이다." 그래서 제자들이 그물을 던졌더니, 고기가 너무 많이 걸려 그물을 끌어 올릴 수가 없었다. 예수님께서 사랑하신 그 제자가 베드로에게 "주님이십니다" 하고 말하였다. 주님이시라는 말을 듣자, 옷을 벗고 있던 베드로는 겉옷을 두르고 호수로 뛰어들었다. 다른 제자들은 그 작은 배로 고기가 든 그물을 끌고 왔다. 그들은 뭍에서 백 미터쯤밖에 떨어져 있지 않았던 것이다.

그들이 뭍에 내려서 보니, 숯불이 있고 그 위에 물고기가 놓여 있고 빵도 있었다. 예수님께서 그들에게 말씀하셨다. "방금 잡은

예루살렘으로 들어가는 길

고기를 몇 마리 가져오너라." 그러자 시몬 베드로가 배에 올라 그물을 뭍으로 끌어 올렸다. 그 안에는 큰 고기가 백쉰세 마리나 가득 들어 있었다. 고기가 그토록 많은데도 그물이 찢어지지 않았다. 예수님께서 그들에게 "와서 아침을 먹어라" 하고 말씀하셨다. 제자들 가운데에는 "누구십니까?" 하고 감히 묻는 사람이 없었다. 그분이 주님이시라는 것을 알고 있었기 때문이다. 예수님께서는 다가가셔서 빵을 들어 그들에게 주시고 고기도 그렇게 주셨다. 이렇게 예수님께서는 죽은 이들 가운데에서 되살아나신 뒤에 세 번째로 제자들에게 나타나셨다(요한 21,1-14).

23 신앙

예수님께서 부활하셨습니다. 제자들은 불가사의한 체험을 했던 것입니다. 그러나 이는 바로 제자라서 겪을 수 있었던 체험이기도 합니다. 일찍이 예수님의 가르침에 마음을 기울이고 몸 바쳐 따른 이들에게 예수님이 보였던 것입니다. 그렇다면 이것은 어찌 된 일일까요. 사도들* 가운데 하나인 베드로는 이런 일이 있은 지 얼마 안 돼서 유다인들에게 말합니다.

이스라엘인 여러분, 이 말을 들으십시오. 여러분은 무법자들의

---

* 사도는 따로 뽑힌 제자들이 예수님 부활의 증인이 되면서 받은 칭호다.

손을 빌려 십자가에 못 박아 죽였습니다. 그러나 하느님께서는 그분을 죽음의 고통에서 풀어 다시 살리셨습니다(사도 2,22-24).

예수님을 하느님께서 다시 살리셨고 우리는 모두 그 증인입니다(사도 2,32).

그러므로 이스라엘 온 집안은 분명히 알아 두십시오. 하느님께서는 여러분이 십자가에 못 박은 이 예수님을 주님*과 메시아로 삼으셨습니다(사도 2,36).

예수님께서 죽음에 이르시는 순간까지 말씀하신 자비로운 아버지께서, 만물의 아버지께서, 다름 아닌 우리의 아버지께서 예수님을 부활시키셨다는 것입니다. 예수님은 십자가 죽음으로 아버지를 향한 당신의 사랑을 증명하셨습니다. 아버지께서는 예수님의 사랑에 응답하여 그 표시로, 그 증거로 예수님을 부활시키셨습니다.

같은 설교에서 베드로는 구약 성경의 다윗의 말을 빌려 아버지께 그 사랑이 받아들여져 부활하신 예수님에 대한 더없는 기쁨을 다음와 같이 나타내고 있습니다.

---

*주님은 인류 구원을 통해 새로 개벽된 결정적 우주의 임자로 높임을 받은 분이다.

그래서 다윗이 그분을 두고 이렇게 말합니다.

"나 언제나 주님을 내 앞에 모시어

그분께서 내 오른쪽에 계시니 나는 흔들리지 않는다.

그러기에 내 마음은 기뻐하고 내 혀는 즐거워하였다.

내 육신마저 희망 속에 살리라.

당신께서 제 영혼을 저승에 버려두지 않으시고

당신의 거룩한 이에게 죽음의 나라를 아니 보게 하실 것이기 때문입니다.

당신은 저에게 생명의 길을 가르쳐 주신 분

당신 면전에서 저를 기쁨으로 가득 채우실 것입니다"(사도 2,25-28).

아버지께서는 예수님의 사랑에 응답하여 그분을 부활시키시고 예수님과 모든 이에게 그 응답을 알리신 것입니다.

나중에 사도가 된 바오로도 아테네 사람들에게 이렇게 말합니다.

그분을 죽은 이들 가운데에서 다시 살리시어 그것을 모든 사람에게 증명해 주셨습니다(사도 17,31).

이처럼 예수님의 부활은 그분이 아버지로부터 증명받은 것, 즉 그분이 주님이시고 그리스도이시라는 것을 세상에 알립니다. '그리스도'란 그리스 말로 '기름부음받은이'라는 뜻으로 히브리 말로는 '메시아'라 하며, 유다 민족 간에는 하느님의 특별한 은혜를 입어 사람들을 이끄는 이를 그렇게 부릅니다.

 예수님의 부활을 체험한 사람은 또한 예수님께서 하느님의 아드님이심을 알았습니다. 예수님께서 사람이 된 하느님의 아드님이 아니실 수 없음을 알게 된 것입니다. 예수님께서 죽음에 이르시기 전에 하신 말씀의 뜻을 깨닫게 된 것입니다.

> 아버지 외에는 아무도 아들을 알지 못한다. 또 아들 외에는, 그리고 그가 아버지를 드러내 보여 주려는 사람 외에는 아무도 아버지를 알지 못한다(마태 11,27).

그리고 부활하신 예수님은 아버지 사랑 안에서 계속 살아 계십니다. 이제로부터 영원히 아버지 곁에 계시게 되었습니다.

> 주 예수님께서는 제자들에게 말씀하신 다음 승천하시어 하느님 오른쪽에 앉으셨다(마르 16,19).

그리하여 지금도 예수님께서는 하느님 아버지와 더불어 당신을 믿는 이, 당신을 통해 아버지를 믿는 이와 함께 살아 계신 것입니다. 예수님과 함께 아버지 품 안에서 살고 있음을 알면 우리는 사는 기쁨과 신뢰와 용기를 얻게 됩니다.

24 사도행전

부활하신 예수님을 향한 신앙으로 시작되는 새로운 국면을 드러내고자 복음서의 저자 루카는 그 속편으로 사도행전을 썼습니다. 예수님 부활 이후 어떻게 최초의 교회가 탄생하였는가, 또한 사도들, 특히 나중에 회심하여 사도의 대열에 든 바오로의 전도 활동에 관하여, 그리고 갓 시작된 그리스도 교회의 신자들이 어떤 생활을 하고 또 어떤 고난과 박해를 이겨 내면서 예수 그리스도의 복음을 실천했는가를 사도행전은 생생히 그려 줍니다.

넷, 사랑의 숨으로

25 성령

아버지 곁에 계신 예수님께서는 이제 오직 아버지 사랑 안에 사실 따름입니다. 그리고 그 예수님과 똑같이, 그 예수님과 더불어 우리도 아버지 사랑에 감싸여 사는 것입니다. 예수님께서는 아버지의 사랑을 받고, 또 사람들에게 그 사랑을 입증하면서 모두가 같은 아버지의 사랑 안에 살게 됨을 알리십니다. 아버지와 아드님 간에 오가는 이 사랑을 성경은 사랑의 숨, 하느님의 영, 성령 등으로 부르고 있습니다. 사도들은 하느님 사랑의 이 기운으로 가득 차 사랑에 불타고 확신에 차서 예수님의 가르침을 설교하게 됩니다.

오순절이 되었을 때 그들은 모두 한자리에 모여 있었다. 그런데 갑자기 하늘에서 거센 바람이 부는 듯한 소리가 나더니, 그들이 앉아 있는 온 집 안을 가득 채웠다. 그리고 불꽃 모양의 혀들이 나타나 갈라지면서 각 사람 위에 내려앉았다. 그러자 그들은 모두 성령으로 가득 차, 성령께서 표현의 능력을 주시는 대로 다른 언어들로 말하기 시작하였다.

그때에 예루살렘에는 세계 모든 나라에서 온 독실한 유다인들이 살고 있었는데, 그 말소리가 나자 무리를 지어 몰려왔다. 그리고 제자들이 말하는 것을 저마다 자기 지방 말로 듣고 어리둥절해 하였다. 그들은 놀라워하고 신기하게 여기며 말하였다. "지금 말하고 있는 저들은 모두 갈릴래아 사람들이 아닌가? 그런데 우리가 저마다 자기가 태어난 지방 말로 듣고 있으니 어찌 된 일인가? 우리가 저들이 하느님의 위업을 말하는 것을 저마다 자기 언어로 듣고 있지 않은가?" 그들은 모두 놀라워하고 어쩔 줄 몰라 하며, "도대체 어찌 된 영문인가?" 하고 서로 말하였다. 그러나 더러는 "새 포도주에 취했군" 하며 비웃었다.

그때에 베드로가 열한 사도와 함께 일어나 목소리를 높여 그들에게 말하였다. "유다인들과 모든 예루살렘 주민 여러분, 여러분은 이 사실을 알아야 합니다. 내 말을 귀담아들으십시오. 지금은 아침 아홉 시입니다. 그러니 이 사람들은 여러분이 생각하듯이 취하지 않았습니다. 이 일은 요엘 예언자를 통하여 하신 말씀대로 된 것입니다.

'하느님께서 말씀하신다.

마지막 날에

나는 모든 사람에게 내 영을 부어 주리라.

그때에 주님의 이름을 받들어 부르는 이는

모두 구원을 받으리라.'

이스라엘인 여러분, 이 말을 들으십시오. 여러분도 알다시피, 나자렛 사람 예수님은 하느님께서 여러 기적과 이적과 표징으로 여러분에게 확인해 주신 분이십니다. 하느님께서 그분을 통하여 여러분 가운데에서 그것들을 일으키셨습니다. 하느님께서 미리 정하신 계획과 예지에 따라 여러분에게 넘겨지신 그분을, 여러분은 무법자들의 손을 빌려 십자가에 못 박아 죽였습니다. 그러나 하느님께서는 그분을 죽음의 고통에서 풀어 다시 살리셨습니다. 우리는 모두 그 증인입니다. 하느님의 오른쪽으로 들어 올려지신 그분께서는 약속된 성령을 아버지에게서 받으신 다음, 여러분이 지금 보고 듣는 것처럼 그 성령을 부어 주셨습니다.
그러므로 이스라엘 온 집안은 분명히 알아 두십시오. 하느님께서는 여러분이 십자가에 못 박은 이 예수님을 주님과 메시아로 삼으셨습니다"(사도 2,1-36).

이 대목에는 하느님 사랑의 숨, 즉 성령의 활동을 나타내는 여러 가지 상징이 있습니다.

바람과 숨, 불과 사랑, 말씀과 전도 등이 그것입니다.

얼마 전 예수님의 죽음 앞에서 자취를 감추었던 제자들이 이제는 성령으로 가득 차 부활하신 예수님을 말하고 있는 것입니다. 사도들의 힘찬 말에 감동된 사람들은 예수님과 그분의 가르침을 믿기에 이릅니다.

> 사람들은 이 말을 듣고 마음이 꿰찔리듯 아파하며 베드로와 다른 사도들에게, "형제 여러분, 우리는 어떻게 해야 합니까?" 하고 물었다. 베드로가 그들에게 말하였다. "회개하십시오. 그리고 저마다 예수 그리스도의 이름으로 세례를 받아 여러분의 죄를 용서받으십시오. 그러면 성령을 선물로 받을 것입니다. 이 약속은 여러분과 여러분의 자손들과 또 멀리 있는 모든 이들, 곧 주 우리 하느님께서 부르시는 모든 이에게 해당됩니다." 베드로는 이 밖에도 많은 증거를 들어 간곡히 이야기하며, "여러분은 이 타락한 세대로부터 자신을 구원하십시오" 하고 타일렀다. 베드로의 말을 받아들인 이들은 세례를 받았다(사도 2,37-41).

26 교회의 시초

이렇게 해서 교회의 초석은 놓였습니다. 예수 그리스도의 가르침을 믿는 이들의 모임이 교회라고 불리게 된 것입니다. 초기의 교회는 아직 유다 전통 안에 있으면서 예수님과 마찬가지로 갖가지 박해를 겪지 않으면 안 되었습니다. 신자들은 오히려 이런 고난 가운데서 더욱 예수 그리스도의 가르침의 뜻을 깨달았던 것입니다.

> 그들은 사도들의 가르침을 받고 친교를 이루며 빵을 떼어 나누고 기도하는 일에 전념하였다. 그리고 사도들을 통하여 많은 이적과 표징이 일어나므로 사람들은 저마다 두려움에 사로잡혔다. 신자들은 모두 함께 지내며 모든 것을 공동으로 소유하였다. 그리고 재산과 재물을 팔아 모든 사람에게 저마다 필요한 대로 나누어 주곤 하였다. 그들은 날마다 한마음으로 성전에 열심히 모이고 이 집 저 집에서 빵을 떼어 나누었으며, 즐겁고 순박한 마음으로 음식을 함께 먹고, 하느님을 찬미하며 온 백성에게서 호감을 얻었다. 주님께서는 날마다 그들의 모임에 구원받을 이들을 보태어 주셨다(사도 2,42-47).

신자들의 공동체는 한마음 한뜻이 되어, 아무도 자기 소유를 자기 것이라 하지 않고 모든 것을 공동으로 소유하였다. 사도들은 큰 능력으로 주 예수님의 부활을 증언하였고, 모두 큰 은총을 누렸다. 그들 가운데에는 궁핍한 사람이 하나도 없었다. 땅이나 집을 소유한 사람은 그것을 팔아서 받은 돈을 가져다가 사도들의 발 앞에 놓고, 저마다 필요한 만큼 나누어 받곤 하였다(사도 4,32-35).

그들은 베드로와 요한의 담대함을 보고 또 이들이 무식하고 평범한 사람임을 알아차리고 놀라워하였다. 그리고 이들이 예수님과 함께 다니던 사람들이라는 것도 알게 되었다.
그리하여 그들은 사도들을 불러 예수님의 이름으로는 절대로 말하지도 말고 가르치지도 말라고 지시하였다. 그러자 베드로와 요한이 그들에게 대답하였다. "하느님의 말씀을 듣는 것보다 여러분의 말을 듣는 것이 하느님 앞에 옳은 일인지 여러분 스스로 판단하십시오. 우리로서는 보고 들은 것을 말하지 않을 수 없습니다"(사도 4,13.18-20).

베드로와 사도들이 대답하였다. "사람에게 순종하는 것보다 하느님께 순종하는 것이 더욱 마땅합니다. 우리 조상들의 하느님께서는 여러분이 나무에 매달아 죽인 예수님을 다시 일으키셨습니다. 그리고 하느님께서는 그분을 영도자와 구원자로 삼아 당신의 오른쪽에 들어 올리시어, 이스라엘이 회개하고 죄를 용서받게 하셨습니다. 우리는 이 일의 증인입니다. 하느님께서 당신께 순종하는 이들에게 주신 성령도 증인이십니다." 그들은 이 말을 듣고 격분하여 사도들을 죽이려고 하였다(사도 5,29-33).

이 무렵 교회에서는 큰 사건이 하나 일어났는데, 그것은 교회의 앞날에 큰 영향을 미칠 사건이었습니다. 곧 사울, 훗날에 바오로라 불릴 사람의 회개가 그것이었습니다.

사울은 교회를 없애 버리려고 집집마다 들어가 남자든 여자든 끌어다가 감옥에 넘겼다. 한편 흩어진 사람들은 이곳저곳 돌아다니며 말씀을 전하였다(사도 8,3-4).

사울은 여전히 주님의 제자들을 향하여 살기를 내뿜으며 대사제에게 가서, 다마스쿠스에 있는 회당들에 보내는 서한을 청하였다. 새로운 길을 따르는 이들을 찾아내기만 하면 남자든 여자든 결박하여 예루살렘으로 끌고 오겠다는 것이었다.
사울이 길을 떠나 다마스쿠스에 가까이 이르렀을 때, 갑자기 하늘에서 빛이 번쩍이며 그의 둘레를 비추었다. 그는 땅에 엎어졌다. 그리고 "사울아, 사울아, 왜 나를 박해하느냐?" 하고 자기에게 말하는 소리를 들었다. 사울이 "주님, 주님은 누구십니까?" 하고 묻자 그분께서 대답하셨다. "나는 네가 박해하는 예수다. 이제 일어나 성안으로 들어가거라. 네가 해야 할 일을 누가 일러 줄 것이다." 사울과 동행하던 사람들은 소리는 들었지만 아무도 볼 수 없었으므로 멍하게 서 있었다. 사울은 땅에서 일어나 눈을 떴으나 아무것도 볼 수가 없었다. 그래서 사람들이 그의 손을 잡고 다마스쿠스로 데려갔다. 사울은 사흘 동안 앞을 보지 못하였는데, 그동안 그는 먹지도 않고 마시지도 않았다.

다마스쿠스에 하나니아스라는 제자가 있었다. 주님께서 환시 중에 "하나니아스야!" 하고 그를 부르셨다. 그가 "예, 주님" 하고 대답하자 주님께서 그에게 말씀하셨다. "일어나 '곧은 길'이라는 거리로 가서, 유다의 집에 있는 사울이라는 타르수스 사람을 찾아라. 지금 사울은 기도하고 있는데, 그는 환시 중에 하나니아스라는 사람이 들어와 자기에게 안수하여 다시 볼 수 있게 해 주는 것을 보았다." 하나니아스가 대답하였다. "주님, 그 사람이 예루살렘에서 주님의 성도들에게 얼마나 못된 짓을 하였는지 제가 많은 이들에게서 들었습니다. 그리고 그는 주님의 이름을 받들어 부르는 이들을 모두 결박할 권한을 수석 사제들에게서 받아 가지고 여기에 와 있습니다." 주님께서 그에게 이르셨다. "가거

라. 그는 다른 민족들과 임금들과 이스라엘 자손들에게 내 이름을 알리도록 내가 선택한 그릇이다. 나는 그가 내 이름을 위하여 얼마나 많은 고난을 받아야 하는지 그에게 보여 주겠다." 그리하여 하나니아스는 길을 나섰다. 그리고 그 집에 들어가 사울에게 안수하고 나서 말하였다. "사울 형제, 당신이 다시 보고 성령으로 충만해지도록 주님께서, 곧 당신이 이리 오는 길에 나타나신 예수님께서 나를 보내셨습니다." 그러자 곧 사울의 눈에서 비늘 같은 것이 떨어지면서 다시 보게 되었다. 그는 일어나 세례를 받은 다음 음식을 먹고 기운을 차렸다.

사울은 며칠 동안 다마스쿠스에 있는 제자들과 함께 지낸 뒤, 곧바로 여러 회당에서 예수님은 하느님의 아드님이시라고 선포하였다. 그 말을 들은 자들은 모두 놀라며, "저 사람은 예루살렘에서 예수의 이름을 받들어 부르는 자들을 짓밟은 자가 아닌가? 또 바로 그런 자들을 결박하여 수석 사제들에게 끌어가려고 여기에 온 것이 아닌가?" 하고 말하였다. 그러나 사울은 더욱 힘차게 예수님께서 메시아이심을 증명하여, 다마스쿠스에 사는 유다인들을 당혹하게 만들었다.

그렇게 꽤 긴 기간이 지나자 유다인들은 사울을 없애 버리기로 공모하였는데, 그들의 음모가 사울에게도 알려졌다. 그들은 사울을 없애 버리려고 밤낮으로 성문들을 지켜보고 있었다. 그래서 그의 제자들이 밤에 그를 데려다가 바구니에 실어 성벽에 난 구멍으로 내려보냈다.

사울은 예루살렘에 이르러 제자들과 어울리려고 하였지만 모두 그를 두려워하였다. 그가 제자라는 것을 믿을 수가 없었던 것이다. 그러나 바르나바는 사울을 받아들여 사도들에게 데려가서, 어떻게 그가 길에서 주님을 뵙게 되었고 주님께서 그에게 말씀하셨는지, 또 어떻게 그가 다마스쿠스에서 예수님의 이름으로 담대히 설교하였는지 그들에게 이야기해 주었다. 그리하여 사울은 사도들과 함께 예루살렘을 드나들며 주님의 이름으로 담대히 설교하였다(사도 9,1-28).

사도들의 중심으로 있던 베드로 그리고 사도 대열에 새로 든 바오로, 이 두 사람은 교회의 쌍벽을 이루었습니다.

27 교회

이리하여 교회는 예수 그리스도의 가르침을 믿으면서 세상 안에 아버지의 나라, 곧 하느님 나라가 다가왔다는 복음을 전하며 증거해 나간 것이었습니다.

시대가 바뀌고 장소가 바뀌어도 예수 그리스도의 가르침을 믿는 사람들은 모두가 같은 예수님의 계시를 이어받는 것입니다. 나아가서 예수님께서 교회 안에 사시면서 지금도 그 증언을 계속하고 계시다고 교회는 말하는 것입니다.

실상 하느님 나라는 지금 이미 시작된 것입니다. 예수 그리스도 당신도 일찍이 그렇게 가르치셨습니다.

> 예수님께서는 바리사이들에게서 하느님의 나라가 언제 오느냐는 질문을 받으시고 그들에게 대답하셨다. "하느님의 나라는 눈에 보이는 모습으로 오지 않는다. 또 '보라, 여기에 있다', 또는 '저기에 있다' 하고 사람들이 말하지도 않을 것이다. 보라, 하느님의 나라는 너희 가운데에 있다"(루카 17,20-21).

하느님 나라의 복음은 지금, 여기를 위한 것입니다. 현대의 이 세상에서야말로 큰 소리로 외쳐야 할 복음입니다.

예수님의 첫 설교 말씀 그대로입니다.

> 때가 차서 하느님의 나라가 가까이 왔다. 회개하고 복음을 믿어라(마르 1,15).

28 세례

부활하신 예수 그리스도를 믿고 하느님 나라의 복음을 받아들인 사람들은 그 신앙의 증거로 세례를 받았습니다.

필리포스는 일어나 길을 가다가 에티오피아 사람 하나를 만났다. 그는 에티오피아 여왕 칸다케의 내시로서, 그 여왕의 모든 재정을 관리하는 고관이었다. 그는 하느님께 경배하러 예루살렘에 왔다가 돌아가면서, 자기 수레에 앉아 이사야 예언서를 읽고 있었다. 필리포스가 달려가 그 사람이 이사야 예언서를 읽는 것을 듣고서, "지금 읽으시는 것을 알아듣습니까?" 하고 물었다. 그러자 그는 "누가 나를 이끌어 주지 않으면 내가 어떻게 알아들을 수 있겠습니까?" 하고서, 필리포스에게 올라와 자기 곁에 앉으라고 청하였다. 그가 읽던 성경 구절은 이러하였다.

"그는 양처럼 도살장으로 끌려갔다.

털 깎는 사람 앞에 잠자코 서 있는 어린 양처럼

자기 입을 열지 않았다.

그는 굴욕 속에 권리를 박탈당하였다.

그의 생명이 이 세상에서 제거되어 버렸으니

누가 그의 후손을 이야기하랴?"

내시가 필리포스에게 물었다. "청컨대 대답해 주십시오. 이것은 예언자가 누구를 두고 하는 말입니까? 자기 자신입니까, 아니면 다른 사람입니까?" 필리포스는 입을 열어 이 성경 말씀에서 시작하여 예수님에 관한 복음을 그에게 전하였다. 이렇게 그들이 길을 가다가 물이 있는 곳에 이르자 내시가 말하였다. "여기에 물이 있습니다. 내가 세례를 받는 데에 무슨 장애가 있겠습니까?" 그러고 나서 수레를 세우라고 명령하였다. 필리포스와 내시, 두 사람은 물로 내려갔다. 그리고 필리포스가 내시에게 세례를 주었다. 그들이 물에서 올라오자 주님의 성령께서 필리포스를 잡아채듯 데려가셨다. 그래서 내시는 그를 더 이상 보지 못하였지만 기뻐하며 제 갈 길을 갔다(사도 8,27-28.30-39).

필리포스는 사마리아의 고을로 내려가 그곳 사람들에게 그리스도를 선포하였다. 군중은 필리포스의 말을 듣고 또 그가 일으키는 표징들을 보고, 모두 한마음으로 그가 하는 말에 귀를 기울였다. 그들은 하느님의 나라와 예수 그리스도의 이름에 관한 복음을 전하는 필리포스를 믿게 되면서, 남자 여자 할 것 없이 세례를 받았다.
예루살렘에 있는 사도들은 사마리아 사람들이 하느님의 말씀을 받아들였다는 소식을 듣고, 베드로와 요한을 그들에게 보냈다. 베드로와 요한은 내려가서 그들이 성령을 받도록 기도하였다.

그들이 주 예수님의 이름으로 세례를 받았을 뿐, 그들 가운데 아직 아무에게도 성령께서 내리지 않으셨기 때문이다. 그때에 사도들이 그들에게 안수하자 그들이 성령을 받았다(사도 8,5-6.12. 14-17).

그것은 일찍이 예수 그리스도께서 전하신 말씀의 실현이었습니다.

바리사이 가운데 니코데모라는 사람이 있었다. 그는 유다인들의 최고 의회 의원이었다. 그 사람이 밤에 예수님께 와서 말하였다. "스승님, 저희는 스승님이 하느님에게서 오신 스승이심을 알고 있습니다. 하느님께서 함께 계시지 않으면, 당신께서 일으키시는 그러한 표징들을 아무도 일으킬 수 없기 때문입니다." 그러자 예수님께서 그에게 이르셨다. "내가 진실로 진실로 너에게 말한다. 누구든지 위로부터 태어나지 않으면 하느님의 나라를 볼 수 없다." 니코데모가 예수님께 말하였다. "이미 늙은 사람이 어떻게 또 태어날 수 있겠습니까? 어머니 배 속에 다시 들어갔다가 태어날 수야 없지 않습니까?" 예수님께서 대답하셨다. "내가 진실로 진실로 너에게 말한다. 누구든지 물과 성령으로 태어나지 않으면, 하느님 나라에 들어갈 수 없다. 육에서 태어난 것은 육이고 영에서 태어난 것은 영이다. '너희는 위로부터 태어나야 한다'고 내가 말하였다고 놀라지 마라. 바람은 불고 싶은 데로 분다. 너는 그 소리를 들어도 어디에서 와 어디로 가는지 모른다. 영에서 태어난 이도 다 이와 같다"(요한 3,1-8).

그러므로 너희는 가서 모든 민족들을 제자로 삼아, 아버지와 아들과 성령의 이름으로 세례를 주고, 내가 너희에게 명령한 모든 것을 가르쳐 지키게 하여라. 보라, 내가 세상 끝 날까지 언제나 너희와 함께 있겠다"(마태 28,19-20).

따라서 사람들은 오늘도 그리스도를 믿게 되면 세례에 의해서 하느님의 자녀가 되고 교회의 구성원이 되어 신앙을 드러내며 하느님 나라의 복음을 증거하는 것입니다. 곧 그리스도교 신자로서의 생활이 시작되는 것입니다. 사도 바오로는 그의 편지에서 아래와 같이 말하고 있습니다.

그리스도 예수님과 하나 되는 세례를 받은 우리가 모두 그분의 죽음과 하나 되는 세례를 받았다는 사실을 여러분은 모릅니까? 과연 우리는 그분의 죽음과 하나 되는 세례를 통하여 그분과 함께 묻혔습니다. 그리하여 그리스도께서 아버지의 영광을 통하여 죽은 이들 가운데에서 되살아나신 것처럼, 우리도 새로운 삶을 살아가게 되었습니다.

사실 우리가 그분처럼 죽어 그분과 결합되었다면, 부활 때에도 분명히 그리될 것입니다(로마 6,3-5).

29 사도들의 편지

초대교회의 기둥은 사도들이었는데 그들은 교회의 지도 또는 전도를 위해 편지를 썼으니, 그중에서도 사도 바오로의 경우 로마인들에게 보내는 편지를 비롯하여 열네 통, 그 밖에 야고보, 베드로, 요한, 유다도 각각 편지를 남겼습니다.

이들 편지는 사람들의 믿음을 이끌어 주는 길잡이로서뿐 아니라 예수 그리스도의 부활의 증언으로서 신약 성경의 중요한 부분을 이루고 있습니다.

그리스도 예수님의 종으로서 사도로 부르심을 받고 하느님의 복음을 위하여 선택을 받은 바오로가 이 편지를 씁니다. 이 복음은 하느님께서 당신의 예언자들을 통하여 미리 성경에 약속해 놓으신 것으로, 당신 아드님에 관한 말씀입니다. 그분께서는 육으로는 다윗의 후손으로 태어나셨고, 거룩한 영으로는 죽은 이들 가운데에서 부활하시어, 힘을 지니신 하느님의 아드님으로 확인되신 우리 주 예수 그리스도이십니다. 우리는 바로 그분을 통하여 사도직의 은총을 받았습니다. 이는 그분의 이름을 위하여 모든 민족들에게 믿음의 순종을 일깨우려는 것입니다(로마 1,1-5).

우리 주 예수 그리스도의 아버지 하느님께서 찬미받으시기를 빕니다. 하느님께서는 당신의 크신 자비로 우리를 새로 태어나게 하시어, 죽은 이들 가운데에서 다시 살아나신 예수 그리스도의 부활로 우리에게 생생한 희망을 주셨고, 또한 썩지 않고 더러워지지 않고 시들지 않는 상속 재산을 얻게 하셨습니다. 이 상속 재산은 여러분을 위하여 하늘에 보존되어 있습니다. 여러분은 마지막 때에 나타날 준비가 되어 있는 구원을 얻도록, 여러분의 믿음을 통하여 하느님의 힘으로 보호를 받고 있습니다(1베드 1,3-5).

처음부터 있어 온 것
우리가 들은 것
우리 눈으로 본 것
우리가 살펴보고 우리 손으로 만져 본 것,
이 생명의 말씀에 관하여 말하고자 합니다.
그 생명이 나타나셨습니다.

우리가 그 생명을 보고 증언합니다.

그리고 여러분에게 그 영원한 생명을 선포합니다.

영원한 생명은 아버지와 함께 계시다가

우리에게 나타나셨습니다.

우리가 보고 들은 것을

여러분에게도 선포합니다.

여러분도 우리와 친교를 나누게 하려는 것입니다.

우리의 친교는 아버지와

또 그 아드님이신 예수 그리스도와 나누는 것입니다.

우리의 기쁨이 충만해지도록

이 글을 씁니다(1요한 1,1-4).

다섯, 신앙의 생활

30 기도하는 마음

예수 그리스도에 의해 아버지를 알고 신앙의 길을 가게 되면서 기도의 생활도 아울러 시작됩니다.

우리들의 기도는 우선 아버지를 생각하는 것으로부터 비롯됩니다. 미처 말로 표현을 찾지 못한 마음의 생각이 삶의 여러 상황 가운데서 그때그때 가슴에 떠오릅니다. 그리고 때로는 입으로 나오는 적도 없지 않습니다. 이것은 우리의 스승이신 예수 그리스도의 생활에서도 그랬습니다. 예수님께서는 어떤 때는 조용한 곳을 찾아 아버지께 기도하셨습니다.

> 다음 날 새벽 아직 캄캄할 때, 예수님께서는 일어나 외딴곳으로 나가시어 그곳에서 기도하셨다(마르 1,35).

예수님께서는 외딴곳으로 물러가 기도하셨다(루카 5,16).

그들과 작별하신 뒤에 예수님께서는 기도하시려고 산에 가셨다(마르 6,46).

예수님께서 베드로와 요한과 야고보를 데리고 기도하시러 산에 오르셨다(루카 9,28).

특히 중요한 결심이라도 하시기 전이면 예수님께서는 마음을 가라앉히고 기도하시는 것이었습니다.

그 무렵에 예수님께서는 기도하시려고 산으로 나가시어, 밤을 새우며 하느님께 기도하셨다. 그리고 날이 새자 제자들을 부르시어 그들 가운데에서 열둘을 뽑으셨다. 그들을 사도라고도 부르셨다(루카 6,12-13).

때로는 마음이 넘쳐 말로 기도하시는 적도 있었습니다.

기쁨에 넘치셨을 때,

그때에 예수님께서 성령 안에서 즐거워하며 말씀하셨다. "아버지, 하늘과 땅의 주님, 지혜롭다는 자들과 슬기롭다는 자들에게는 이것을 감추시고 철부지들에게는 드러내 보이시니, 아버지께 감사를 드립니다. 그렇습니다, 아버지! 아버지의 선하신 뜻이 이렇게 이루어졌습니다"(루카 10,21).

감사드리실 때,

예수님께서는 하늘을 우러러보시며 말씀하셨다. "아버지, 제 말씀을 들어 주셨으니 아버지께 감사드립니다. 아버지께서 언제나 제 말씀을 들어 주신다는 것을 저는 알고 있습니다"(요한 11,41-42).

죽음이 다가올 때,

예수님께서는 이렇게 이르시고 나서 하늘을 향하여 눈을 들어 말씀하셨다. "아버지, 때가 왔습니다. 아들이 아버지를 영광스럽게 하도록 아버지의 아들을 영광스럽게 해 주십시오"(요한 17,1).

괴로움 가운데,

> 그리고 나서 돌을 던지면 닿을 만한 곳에 혼자 가시어 무릎을 꿇고 기도하셨다. "아버지, 아버지께서 원하시면 이 잔을 저에게서 거두어 주십시오. 그러나 제 뜻이 아니라 아버지의 뜻이 이루어지게 하십시오"(루카 22,41-42).

죽음에 이르실 때,

> 그리고 예수님께서 큰 소리로 외치셨다. "아버지, '제 영을 아버지 손에 맡깁니다'"(루카 23,46).

우리들도 예수님처럼 끊임없이 아버지를 바라보며 살아야겠습니다. 언제나 아버지 사랑의 눈길 아래 사랑에 감싸여 살아나가야겠습니다.

> 사실 그분께서는 우리 각자에게서 멀리 떨어져 계시지 않습니다. 우리는 그분 안에서 살고 움직이며 존재합니다(사도 17,27-28).

우리들은 "살아 있든지 죽어 있든지"(1테살 5,10) 예수님과 더불어 그리고 예수님으로 인하여 아버지 앞에 살고 있는 것입니다. 예수님께서는 언제나 우리들 안에 계십니다. 부활하신 예수님께서 그렇게 말씀하셨습니다.

내가 세상 끝 날까지 언제나 너희와 함께 있겠다(마태 28,20).

아버지의 아드님이시며 우리의 주이신 그리스도 예수님과 함께 기도한다면 어줍은 기도도 틀림없이 아버지 마음에 가 닿으리라고 우리는 믿고 기도하는 것입니다.
예수님께서는 사도들에게 말씀하십니다.

내가 진실로 진실로 너희에게 말한다. 너희가 내 이름으로 아버지께 청하는 것은 무엇이든지 그분께서 너희에게 주실 것이다. 지금까지 너희는 내 이름으로 아무것도 청하지 않았다. 청하여라. 받을 것이다. 그리하여 너희 기쁨이 충만해질 것이다(요한 16, 23-24).

그리고 사도들도 이렇게 가르칩니다.

말이든 행동이든 무엇이나 주 예수님의 이름으로 하면서, 그분을 통하여 하느님 아버지께 감사를 드리십시오(콜로 3,17).

뿐더러 우리는 예수님을 중심으로 모두가 아버지의 자녀이고 형제이며 하나입니다. 하느님의 저 숨, 성령에 의해 서로 맺어진 것입니다. 이 사실이야말로 우리 서로 형제로서의 결합의 근본입니다. 사도들은 이렇게 가르칩니다.

빛 속에 있다고 말하면서 자기 형제를 미워하는 사람은 아직도 어둠 속에 있는 자입니다. 자기 형제를 사랑하는 사람은 빛 속에 머무르고, 그에게는 걸림돌이 없습니다(1요한 2,9-10).

여러분이 처음부터 들은 말씀은 이것입니다. 곧 우리가 서로 사랑해야 한다는 것입니다(1요한 3,11).

자기 형제를 미워하는 자는 모두 살인자입니다. 그리고 여러분도 알다시피, 살인자는 아무도 자기 안에 영원한 생명을 지니고 있지 않습니다. 그분께서 우리를 위하여 당신 목숨을 내놓으신 그 사실로 우리는 사랑을 알게 되었습니다. 그러므로 우리도 형제들을 위하여 목숨을 내놓아야 합니다. 누구든지 세상 재물을 가지고 있으면서도 자기 형제가 궁핍한 것을 보고 그에게 마음을 닫아 버리면, 하느님 사랑이 어떻게 그 사람 안에 머무를 수 있겠습니까? 자녀 여러분, 말과 혀로 사랑하지 말고 행동으로 진리 안에서 사랑합시다(1요한 3,15-18).

사랑하는 여러분, 서로 사랑합시다. 사랑은 하느님에게서 오는 것이기 때문입니다. 사랑하는 이는 모두 하느님에게서 태어났으며 하느님을 압니다. 사랑하지 않는 사람은 하느님을 알지 못합니다. 하느님은 사랑이시기 때문입니다. 하느님의 사랑은 우리에게 이렇게 나타났습니다. 곧 하느님께서 당신의 외아드님을 세상에 보내시어 우리가 그분을 통하여 살게 해 주셨습니다. 그 사랑은 이렇습니다. 우리가 하느님을 사랑한 것이 아니라, 그분께서 우리를 사랑하시어 당신의 아드님을 우리 죄를 위한 속죄 제물로 보내 주신 것입니다. 사랑하는 여러분, 하느님께서 우리를 이렇게 사랑하셨으니 우리도 서로 사랑해야 합니다. 지금까지 하느님을 본 사람은 없습니다. 그러나 우리가 서로 사랑하면, 하느님께서 우리 안에 머무르시고 그분 사랑이 우리에게서 완성됩니다(1요한 4,7-12).

누가 "나는 하느님을 사랑한다" 하면서 자기 형제를 미워하면, 그는 거짓말쟁이입니다. 눈에 보이는 자기 형제를 사랑하지 않는 사람이 보이지 않는 하느님을 사랑할 수는 없습니다. 우리가 그분에게서 받은 계명은 이것입니다. 하느님을 사랑하는 사람은 자기 형제도 사랑해야 한다는 것입니다(1요한 4,20-21).

그러므로 하느님께 선택된 사람, 거룩한 사람, 사랑받는 사람답게 마음에서 우러나오는 동정과 호의와 겸손과 온유와 인내를 입으십시오. 누가 누구에게 불평할 일이 있더라도 서로 참아 주고 서로 용서해 주십시오. 주님께서 여러분을 용서하신 것처럼 여러분도 서로 용서하십시오. 이 모든 것 위에 사랑을 입으십시오. 사랑은 완전하게 묶어 주는 끈입니다(콜로 3,12-14).

그러나 우리의 현실은 어떠합니까. 이상은 아무리 높더라도 사랑의 없음, 아쉬움을 매일 통감할 따름입니다. 자기 자신의 그릇됨을 시인하고 아버지와 형제들의 용서를 청하는 마음이 우리에게는 아쉽습니다.

우리가 그분에게서 듣고 이제 여러분에게 전하는 말씀은 이것입니다. 곧 하느님은 빛이시며 그분께는 어둠이 전혀 없다는 것입니다. 만일 우리가 하느님과 친교를 나눈다고 말하면서 어둠 속에서 살아간다면, 우리는 거짓말을 하는 것이고 진리를 실천하지 않는 것입니다. 그러나 그분께서 빛 속에 계신 것처럼 우리도 빛 속에서 살아가면, 우리는 서로 친교를 나누게 되고, 그분의 아드님이신 예수님의 피가 우리를 모든 죄에서 깨끗하게 해 줍니다. 만일 우리가 죄 없다고 말한다면, 우리는 자신을 속이는 것이고 우리 안에 진리가 없는 것입니다. 우리가 우리 죄를 고백하면, 그분은 성실하시고 의로우신 분이시므로 우리의 죄를 용서하시고 우리를 모든 불의에서 깨끗하게 해 주십니다. 만일 우리가 죄를 짓지 않았다고 말한다면, 우리는 그분을 거짓말쟁이로 만드는 것이고 우리 안에 그분의 말씀이 없는 것입니다(1요한 1,5-10).

여기서 우리는 예수 그리스도께서 제자들에게 가르치신 주님의 기도를 절로 생각하게 됩니다. 그 기도야말로 기도하는 마음을 가장 잘 드러내 주는 것이라고 하겠습니다.

31 기쁨에 차서

신앙을 사는 마음은 우선 기쁨으로 이어지지 않으면 안 됩니다. 예수 그리스도의 복음은 무엇보다도 먼저 기쁨이 깃드는 일입니다. 사람들에게 무거운 짐을 지우려는 것은 결코 아닙니다. 신앙생활이 우리에게 참의미의 해방감, 구원을 주지 않는다면 예수님은 구세주라고 불릴 수 없을 것입니다. '예수'라는 이름 그 자체가 히브리 말로 '하느님께서 구원하신다'는 뜻입니다. 예수님의 말씀을 들어 봅시다.

> 고생하며 무거운 짐을 진 너희는 모두 나에게 오너라. 내가 너희에게 안식을 주겠다(마태 11,28).

그러므로 우리는 바로 그리스도께 구원이 있음을 알고 깊은 기쁨을 맛볼 수 있습니다.

> 주님 안에서 늘 기뻐하십시오. 거듭 말합니다. 기뻐하십시오. 여러분의 너그러운 마음을 모든 사람이 알 수 있게 하십시오. 주님께서 가까이 오셨습니다. 아무것도 걱정하지 마십시오. 어떠한 경우에든 감사하는 마음으로 기도하고 간구하며 여러분의 소원을 하느님께 아뢰십시오. 그러면 사람의 모든 이해를 뛰어넘는 하느님의 평화가 여러분의 마음과 생각을 그리스도 예수님 안에서 지켜 줄 것입니다.
> 끝으로, 형제 여러분, 참된 것과 고귀한 것과 의로운 것과 정결한 것과 사랑스러운 것과 영예로운 것은 무엇이든지, 또 덕이

되는 것과 칭송받는 것은 무엇이든지 다 마음에 간직하십시오. 그리고 나에게서 배우고 받고 듣고 본 것을 그대로 실천하십시오. 그러면 평화의 하느님께서 여러분과 함께 계실 것입니다(필리 4,4-9).

32 괴로울 때면

그렇지만 인간이란 나약한 존재라서 이 세상 온갖 일에 부대껴 슬픔과 괴로움에 시달리는 나머지 때로는 꺾여 버리는 수도 있습니다. 또 그것이 있는 그대로의 인간 모습이기도 하기에 예수님 당신께서도 죽음에 직면하여 피땀을 흘리셨던 것입니다. 그러나 그런 가운데에서도 신앙의 은혜를 받고 하느님 나라가 실현되기를 기다리는 이는 궁극에 가서는 결코 꺾이지 않는 것입니다.

사도 바오로는 이렇게 말합니다.

우리 주 예수 그리스도의 아버지 하느님께서는 찬미받으시기를 빕니다. 그분은 인자하신 아버지시며 모든 위로의 하느님이십니다. 하느님께서는 우리가 환난을 겪을 때마다 위로해 주시어, 우리도 그분에게서 받은 위로로, 온갖 환난을 겪는 사람들을 위로

할 수 있게 하십니다. 그리하여 그리스도의 고난이 우리에게 넘치듯이, 그리스도를 통하여 내리는 위로도 우리에게 넘칩니다. 우리가 환난을 겪는 것도 여러분이 위로와 구원을 받게 하려는 것이고, 우리가 위로를 받는 것도 여러분이 위로를 받게 하려는 것입니다. 이 위로는 우리가 겪는 것과 똑같은 고난을 여러분도 견디어 나아갈 때에 그 힘을 드러냅니다. 우리가 여러분에게 거는 희망은 든든합니다. 여러분이 우리와 고난을 함께 받듯이 위로도 함께 받는다는 것을 알기 때문입니다.

형제 여러분, 우리가 아시아에서 겪은 환난을 여러분도 알기를 바랍니다. 우리는 너무나 힘겹게 짓눌린 나머지 살아날 가망도 없다고 여겼습니다. 사실 우리는 이미 사형 선고를 받은 몸이라고 느꼈습니다. 그러나 그것은 우리가 자신을 신뢰하지 않고, 죽은 이들을 일으키시는 하느님을 신뢰하게 하시려는 것이었습니다. 그분께서는 과연 그 큰 죽음의 위험에서 우리를 구해 주셨고 앞으로도 구해 주실 것입니다. 이렇게 우리는 하느님께서 또다시 구해 주시리라고 희망합니다(2코린 1,3-10).

고통의 체험으로써 남의 고통을 이해할 수 있게 되어 우리는 십자가 위의 예수님을 바라보면서 서로 격려하고 도와 나가는 것입니다.

사도 야고보도 이렇게 권유합니다.

> 그러므로 형제 여러분, 주님의 재림 때까지 참고 기다리십시오. 땅의 귀한 소출을 기다리는 농부를 보십시오. 그는 이른 비와 늦은 비를 맞아 곡식이 익을 때까지 참고 기다립니다. 여러분도 참고 기다리며 마음을 굳게 가지십시오. 주님의 재림이 가까웠습니다.
> 여러분 가운데에 고통을 겪는 사람이 있습니까? 그런 사람은 기도하십시오. 여러분 가운데에 앓는 사람이 있습니까? 그런 사람은 교회의 원로들을 부르십시오. 원로들은 그를 위하여 기도하고, 주님의 이름으로 그에게 기름을 바르십시오. 그러면 믿음의 기도가 그 아픈 사람을 구원하고, 주님께서는 그를 일으켜 주실 것입니다. 또 그가 죄를 지었으면 용서를 받을 것입니다. 그러므로 서로 죄를 고백하고 서로 남을 위하여 기도하십시오. 그러면 여러분의 병이 낫게 될 것입니다(야고 5,7-8.13-16).

경우에 따라서는 자업자득이라고 생각되는 괴로움을 견디어야 할 수도 있습니다. 그럴 때에도 모름지기 아버지의 자비를 믿고 행동해야 하겠습니다.

나는 내가 하는 것을 이해하지 못합니다. 나는 내가 바라는 것을 하지 않고 오히려 내가 싫어하는 것을 합니다.
선을 바라면서도 하지 못하고, 악을 바라지 않으면서도 그것을 하고 맙니다.
나는 과연 비참한 인간입니다. 누가 이 죽음에 빠진 몸에서 나를 구해 줄 수 있습니까? 우리 주 예수 그리스도를 통하여 나를 구해 주신 하느님께 감사드립니다(로마 7,15.19.24-25).

하느님의 자비, 아버지의 자비로 우리는 보호되고 있는 것입니다.

33 희망을 잃지 않고

따라서 우리는 어떤 경우에 처해도 결코 실망해서는 안 되겠습니다. 왜냐하면 실망한다는 것은 결국 아버지의 한없는 사랑을 배반함이나 다름없기 때문입니다.

그러므로 우리는 낙심하지 않습니다. 우리의 외적 인간은 쇠퇴해 가더라도 우리의 내적 인간은 나날이 새로워집니다. 우리가 지금 겪는 일시적이고 가벼운 환난이 그지없이 크고 영원한 영광을 우리에게 마련해 줍니다. 보이는 것이 아니라 보이지 않는 것을 우리가 바라보기 때문입니다. 보이는 것은 잠시뿐이지만 보이지 않는 것은 영원합니다(2코린 4,16-18).

예수님께서는 이렇게 가르치십니다.

끝까지 견디는 이는 구원을 받을 것이다(마태 10,22).

우리는 이처럼 아버지와 주 예수 그리스도를 믿으면서 자신에게 주어진 인생의 길을 가고 하느님 나라를 위해 자기 자신을 향상시켜 나가는 것입니다. 과거를 돌아보면서가 아니라 오늘을 바로 보면서 길을 가는 것입니다. 사도 바오로의 말씀은 이렇습니다.

그러나 나에게 이롭던 것들을, 나는 그리스도 때문에 모두 해로운 것으로 여기게 되었습니다. 그뿐만 아니라, 나의 주 그리스도 예수님을 아는 지식의 지고한 가치 때문에, 다른 모든 것을 해로운 것으로 여깁니다. 나는 그리스도 때문에 모든 것을 잃었지만 그것들을 쓰레기로 여깁니다.
이 한 가지는 분명합니다. 나는 내 뒤에 있는 것을 잊어버리고 앞에 있는 것을 향하여 내달리고 있습니다. 하느님께서 그리스도 예수님 안에서 우리를 하늘로 부르시어 주시는 상을 얻으려고, 그 목표를 향하여 달려가고 있는 것입니다.

형제 여러분, 다 함께 나를 본받는 사람이 되십시오. 여러분이 우리를 본보기로 삼는 것처럼 그렇게 살아가는 다른 이들도 눈여겨보십시오. 내가 이미 여러분에게 자주 말하였고 지금도 눈물을 흘리며 말하는데, 많은 사람이 그리스도의 십자가의 원수로 살아가고 있습니다. 그들의 끝은 멸망입니다. 그들은 자기네 배를 하느님으로, 자기네 수치를 영광으로 삼으며 이 세상 것만 생각합니다. 그러나 우리는 하늘의 시민입니다. 그리고 그곳에서 구세주로 오실 주 예수 그리스도를 고대합니다(필리 3,7-8.13-14. 17-20).

우리는 입으로만 믿는 이가 되어서는 안 되고, 언행의 일치를 이루어야겠습니다.

나의 사랑하는 형제 여러분, 이것을 알아 두십시오. 모든 사람이 듣기는 빨리 하되, 말하기는 더디 하고 분노하기도 더디 해야 합니다. 사람의 분노는 하느님의 의로움을 실현하지 못합니다. 그러므로 모든 더러움과 그 넘치는 악을 다 벗어 버리고 여러분 안에 심어진 말씀을 공손히 받아들이십시오. 그 말씀에는 여러분의 영혼을 구원할 힘이 있습니다.

말씀을 실행하는 사람이 되십시오. 말씀을 듣기만 하여 자신을 속이는 사람이 되지 마십시오. 사실 누가 말씀을 듣기만 하고 실행하지 않으면, 그는 거울에 자기 얼굴 모습을 비추어 보는 사람과 같습니다. 자신을 비추어 보고서 물러가면, 어떻게 생겼었는지 곧 잊어버립니다. 그러나 완전한 법 곧 자유의 법을 들여다보고 거기에 머물면, 듣고서 잊어버리는 사람이 아니라 실천에 옮겨 실행하는 사람이 됩니다. 그러한 사람은 자기의 그 실행으로 행복해질 것입니다.

누가 스스로 신심이 깊다고 생각하면서도 제 혀에 재갈을 물리지 않아 자기 마음을 속이면, 그 사람의 신심은 헛된 것입니다(야고 1,19-26).

그럼 형제 여러분, 기뻐하십시오. 자신을 바로잡으십시오. 서로 격려하십시오. 서로 뜻을 같이하고 평화롭게 사십시오. 그러면 사랑과 평화의 하느님께서 여러분과 함께 계실 것입니다(2코린 13,11).

우리 자신은 비록 약하지만 은혜와 사랑으로 힘을 얻고 있음을 믿고 용기를 내어 하느님 나라를 증거해 나가는 것입니다. 예수님께서는 이렇게 깨우쳐 주십니다.

> 너희는 세상의 소금이다. 그러나 소금이 제 맛을 잃으면 무엇으로 다시 짜게 할 수 있겠느냐? 아무 쓸모가 없으니 밖에 버려져 사람들에게 짓밟힐 따름이다.
> 너희는 세상의 빛이다. 산 위에 자리 잡은 고을은 감추어질 수 없다. 등불은 켜서 함지 속이 아니라 등경 위에 놓는다. 그렇게 하여 집 안에 있는 모든 사람을 비춘다. 이와 같이 너희의 빛이 사람들 앞을 비추어, 그들이 너희의 착한 행실을 보고 하늘에 계신 너희 아버지를 찬양하게 하여라(마태 5,13-16).

34 서로 도우며

하느님 나라는 지금 이 세상에서 실현되어 가고 있는 만큼 신앙도 사회 안에서 산 현실이 되어야 함은 당연한 일입니다.

우선 우리 모두는 누구를 막론하고 아무 차별 없이 참으로 아버지의 자녀이며 서로의 형제이므로 예수님께서 아버지를 생각하시던 바로 그 마음으로 사람들을 대해야 하겠습니다.

사랑은 거짓이 없어야 합니다. 여러분은 악을 혐오하고 선을 꼭 붙드십시오. 형제애로 서로 깊이 아끼고, 서로 존경하는 일에 먼저 나서십시오. 열성이 줄지 않게 하고 마음이 성령으로 타오르게 하며 주님을 섬기십시오. 희망 속에 기뻐하고 환난 중에 인내하며 기도에 전념하십시오. 궁핍한 성도들과 함께 나누고 손님 접대에 힘쓰십시오. 여러분을 박해하는 자들을 축복하십시오. 저주하지 말고 축복해 주십시오. 기뻐하는 이들과 함께 기뻐하고 우는 이들과 함께 우십시오. 서로 뜻을 같이하십시오. 오만한 생각을 버리고 비천한 이들과 어울리십시오. 스스로 슬기롭다고 여기지 마십시오. 아무에게도 악을 악으로 갚지 말고, 모든 사람에게 좋은 일을 해 줄 뜻을 품으십시오. 여러분 쪽에서 할 수 있는 대로, 모든 사람과 평화로이 지내십시오. 사랑하는 여러분, 스스로 복수할 생각을 하지 말고 하느님의 진노에 맡기십시오. 성경에서도 "복수는 내가 할 일, 내가 보복하리라" 하고 주님께서 말씀하십니다. 오히려 "그대의 원수가 주리거든 먹을 것을 주고, 목말라하거든 마실 것을 주십시오. 그렇게 하는 것은 그대가 숯불을 그의 머리에 놓는 셈입니다." 악에 굴복당하지 말고 선으로 악을 굴복시키십시오(로마 12,9-21).

우리가 청하는 것은 다 그분에게서 받게 됩니다. 우리가 그분의 계명을 지키고 그분 마음에 드는 것을 하기 때문입니다. 그분의 계명은 이렇습니다. 그분께서 우리에게 명령하신 대로, 그분의 아드님이신 예수 그리스도의 이름을 믿고 서로 사랑하라는 것입니다. 그분의 계명을 지키는 사람은 그분 안에 머무르고, 그분께서도 그 사람 안에 머무르십니다. 그리고 그분께서 우리 안에 머무르신다는 것을 우리는 바로 그분께서 우리에게 주신 성령으로 알고 있습니다(1요한 3,22-24).

하느님 아버지 앞에서 깨끗하고 흠 없는 신심은, 어려움을 겪는 고아와 과부를 돌보아 주고, 세상에 물들지 않도록 자신을 지키는 것입니다(야고 1,27).

나의 형제 여러분, 누가 믿음이 있다고 말하면서 실천이 없으면 무슨 소용이 있겠습니까? 그러한 믿음이 그 사람을 구원할 수 있겠습니까? 어떤 형제나 자매가 헐벗고 그날 먹을 양식조차 없는데, 여러분 가운데 누가 그들의 몸에 필요한 것은 주지 않으면서, "평안히 가서 몸을 따뜻이 녹이고 배불리 먹으시오" 하고 말한다면, 무슨 소용이 있겠습니까? 이와 마찬가지로 믿음에 실천이 없으면 그러한 믿음은 죽은 것입니다(야고 2,14-17).

형제 여러분, 우리는 하느님께서 마케도니아의 여러 교회에 베푸신 은총을 여러분에게 알리고 싶습니다. 환난의 큰 시련 속에서도 그들은 기쁨이 충만하여, 극심한 가난을 겪으면서도 아주 후한 인심을 베풀었습니다.

이제 여러분은 모든 면에서 곧 믿음과 말과 지식과 온갖 열성에서, 또 우리의 사랑을 받는 일에서도 뛰어나므로, 이 은혜로운 일에서도 뛰어나기를 바랍니다.

나는 이 말을 명령으로 하는 것이 아닙니다. 다른 이들의 열성에 견주어 여러분의 사랑이 얼마나 진실한지 확인하고 싶을 따름입니다. 여러분은 우리 주 예수 그리스도의 은총을 알고 있습니다. 그분께서는 부유하시면서도 여러분을 위하여 가난하게 되시어, 여러분이 그 가난으로 부유하게 되도록 하셨습니다. 이 일에 관하여 여러분에게 한 가지 충고를 하겠습니다. 이렇게 하는 것이 여러분에게 유익합니다. 여러분이 작년부터 이미 실천하기 시작하였고 또 스스로 원하여 시작한 것이니, 이제 그 일을 마무리 지으십시오. 자발적 열의에 어울리게 여러분의 형편에 따라 그 일을 마무리 지으십시오. 열의만 있으면 형편에 맞게 바치는 것은 모두 기꺼이 받아들여지고, 형편에 맞지 않는 것은 요구되지 않습니다. 그렇다고 다른 이들은 편안하게 하면서 여러분은 괴롭히자는 것이 아니라, 균형을 이루게 하자는 것입니다. 지금 이

시간에 여러분이 누리는 풍요가 그들의 궁핍을 채워 주어 나중에는 그들의 풍요가 여러분의 궁핍을 채워 준다면, 균형을 이루게 됩니다. 이는 성경에 기록된 그대로입니다.
"많이 거둔 이도 남지 않고
적게 거둔 이도 모자라지 않았다"(2코린 8,1-2.7-15).

실은 우리가 형제인 다른 사람들에게 해 주는 것이 곧 주 예수 그리스도에게 하는 것이 됩니다. 왜냐하면 예수님께서 우리들 가운데 살아 계시기 때문입니다. 예수님께서는 비유를 들어 이렇게 가르치십니다.

그때에 임금이 자기 오른쪽에 있는 이들에게 이렇게 말할 것이다. "내 아버지께 복을 받은 이들아, 와서, 세상 창조 때부터 너희를 위하여 준비된 나라를 차지하여라. 너희는 내가 굶주렸을 때에 먹을 것을 주었고, 내가 목말랐을 때에 마실 것을 주었으며, 내가 나그네였을 때에 따뜻이 맞아들였다. 또 내가 헐벗었을 때에 입을 것을 주었고, 내가 병들었을 때에 돌보아 주었으며, 내가 감옥에 있을 때에 찾아 주었다." 그러면 그 의인들이 이렇게 말할 것이다. "주님, 저희가 언제 주님께서 굶주리신 것을 보고 먹을 것을 드렸고, 목마르신 것을 보고 마실 것을 드렸습니까? 언제 주님께서 나그네 되신 것을 보고 따뜻이 맞아들였고, 헐벗으신 것을 보고 입을 것을 드렸습니까? 언제 주님께서 병드시거나 감옥에 계신 것을 보고 찾아가 뵈었습니까?' 그러면 임금이 대답할 것이다. "내가 진실로 너희에게 말한다. 너희가 내 형제들인 이 가장 작은 이들 가운데 한 사람에게 해 준 것이 바로 나에게 해 준 것이다"(마태 25,34-40).

그렇다면 사람들에게 차별을 둔다는 것이 얼마나 무의미한 짓인가를 깨닫지 않을 수 없습니다.

특히 재산이 있는 사람은 이 점에 있어 각성하지 않으면 안 된다고 사도 야고보는 경계합니다.

나의 형제 여러분, 영광스러우신 우리 주 예수 그리스도를 믿으면서, 사람을 차별해서는 안 됩니다. 가령 여러분의 모임에 금가락지를 끼고 화려한 옷을 입은 사람이 들어오고, 또 누추한 옷을 입은 가난한 사람이 들어온다고 합시다. 여러분이 화려한 옷을 걸친 사람을 쳐다보고서는 "선생님은 여기 좋은 자리에 앉으십시오" 하고, 가난한 사람에게는 "당신은 저기 서 있으시오" 하거나 "내 발판 밑에 앉으시오" 한다면, 여러분은 서로 차별하는 것이 아니겠습니까? 또 악한 생각을 가진 심판자가 된 것이 아니겠습니까?

나의 사랑하는 형제 여러분, 들으십시오. 하느님께서는 세상의 가난한 사람들을 골라 믿음의 부자가 되게 하시고, 당신을 사랑하는 이들에게 약속하신 나라의 상속자가 되게 하지 않으셨습니까? 그런데 여러분은 가난한 사람을 업신여겼습니다. 여러분을 억누르는 사람들이 바로 부자가 아닙니까? 여러분을 법정으로 끌고 가는 자들도 그들이 아닙니까? 여러분이 받드는 그 존귀한 이름을 모독하는 자들도 그들이 아닙니까?

여러분이 참으로 성경에 따라 "네 이웃을 너 자신처럼 사랑하여라" 하신 지고한 법을 이행하면, 그것은 잘하는 일입니다. 그러나 사람을 차별하면 죄를 짓는 것으로, 여러분은 율법에 따라 범법자로 선고를 받습니다(야고 2,1-9).

자 이제, 부자들이여! 그대들에게 닥쳐오는 재난을 생각하며 소리 높여 우십시오. 그대들의 재물은 썩었고 그대들의 옷은 좀먹었습니다. 그대들의 금과 은은 녹슬었으며, 그 녹이 그대들을 고발하는 증거가 되고 불처럼 그대들의 살을 삼켜 버릴 것입니다. 그대들은 이 마지막 때에도 재물을 쌓기만 하였습니다. 보십시오, 그대들의 밭에서 곡식을 벤 일꾼들에게 주지 않고 가로챈 품삯이 소리를 지르고 있습니다. 곡식을 거두어들인 일꾼들의 아우성이 만군의 주님 귀에 들어갔습니다. 그대들은 이 세상에서 사치와 쾌락을 누렸고, 살육의 날에도 마음을 기름지게 하였습니다(야고 5,1-5).

35 평화를 찾아

이런 것을 생각할 때 우리들 간에 다투고 싸운다는 것이 얼마나 아버지가 바라시는 바와 상반되는가, 즉 하느님 나라의 실현을 얼마나 저해하는가는 너무나 분명한 일입니다.

주 예수님께서는

> 행복하여라, 평화를 이루는 사람들!
> 그들은 하느님의 자녀라 불릴 것이다(마태 5,9).

하고 말씀하심으로써 하느님 자녀인 우리가 얼마나 평화를 위해 노력하지 않으면 안 되는가를 가르치고 계십니다.
  사도 야고보는 이렇게 말합니다.

> 여러분의 싸움은 어디에서 오며 여러분의 다툼은 어디에서 옵니

까? 여러분의 지체들 안에서 분쟁을 일으키는 여러 가지 욕정에서 오는 것이 아닙니까? 여러분은 욕심을 부려도 얻지 못합니다. 살인까지 하며 시기를 해 보지만 얻어 내지 못합니다. 그래서 또 다투고 싸웁니다. 여러분이 가지지 못하는 것은 여러분이 청하지 않기 때문입니다. 여러분은 청하여도 얻지 못합니다. 여러분의 욕정을 채우는 데에 쓰려고 청하기 때문입니다(야고 4,1-3).

우리의 참고향은 하느님 나라에 있고, 예수 그리스도의 복음의 시민답게 사는 것이 중요합니다(필리 3,20). 참된 평화는 모든 사람에게 단 한 분의 아버지가 계심을 알고 그리스도를 통해 한 가족을 이루는 데 있습니다.

36 가정에서

우리 각자를 이제까지 품어 주었고 앞으로 우리가 이루어야 할 가정도, 더 넓은 하느님 아버지의 가족 안에서 비로소 행복한 모습을 갖출 수 있다는 것을 알게 됩니다.

이 때문에, 나는 아버지 앞에 무릎을 꿇습니다. 하늘과 땅에 있는 모든 종족이 아버지에게서 이름을 받습니다. 아버지께서 당신의 풍성한 영광에 따라 성령을 통하여 여러분의 내적 인간이 당신 힘으로 굳세어지게 하시고, 여러분의 믿음을 통하여 그리스도께서 여러분의 마음 안에 사시게 하시며, 여러분이 사랑에 뿌리를 내리고 그것을 기초로 삼게 하시기를 빕니다. 그리하여 여러분이 모든 성도와 함께 너비와 길이와 높이와 깊이가 어떠한지 깨닫는 능력을 지니고, 인간의 지각을 뛰어넘는 그리스도의 사랑을 알게 해 주시기를 빕니다. 이렇게 하여 여러분이 하느님의 온갖 충만하심으로 충만하게 되기를 빕니다.

우리 안에서 활동하시는 힘으로, 우리가 청하거나 생각하는 모든 것보다 훨씬 더 풍성히 이루어 주실 수 있는 분, 그분께 교회 안에서, 그리고 그리스도 예수님 안에서 세세 대대로 영원무궁토록 영광이 있기를 빕니다. 아멘*(에페 3,14-21).

자기 가정에만 갇혀 있지 말고 주 그리스도와 함께 맺어져 활짝 열려 있는 마음이 중요한 것입니다. 그래야만 오히려 가정 안에서도 각자가 맡은 바를 다 할 수 있습니다.

모든 일에 언제나 우리 주 예수 그리스도의 이름으로 하느님 아버지께 감사를 드리십시오.

그리스도를 경외하는 마음으로 서로 순종하십시오.

● 아멘은 히브리 말로 '참으로 그렇소'라는 뜻이다.

아내는 주님께 순종하듯이 남편에게 순종해야 합니다. 남편은 아내의 머리입니다. 이는 그리스도께서 교회의 머리이시고 그 몸의 구원자이신 것과 같습니다. 교회가 그리스도께 순종하듯이, 아내도 모든 일에서 남편에게 순종해야 합니다.

남편 여러분, 그리스도께서 교회를 사랑하시고 교회를 위하여 당신 자신을 바치신 것처럼, 아내를 사랑하십시오.

자기 아내를 사랑하는 사람은 자기 자신을 사랑하는 것입니다. 아무도 자기 몸을 미워하지 않습니다. 그리스도께서 교회를 위하여 하시는 것처럼 오히려 자기 몸을 가꾸고 보살핍니다. 우리는 그분 몸의 지체입니다. "그러므로 남자는 아버지와 어머니를 떠나 아내와 결합하여, 둘이 한 몸이 됩니다." 이는 큰 신비입니다. 그러나 나는 그리스도와 교회를 두고 이 말을 합니다. 여러분도 저마다 자기 아내를 자기 자신처럼 사랑하고, 아내도 남편을 존경해야 합니다(에페 5,20-25,28-33).

자녀 여러분, 주님 안에서 부모에게 순종하십시오. 그것이 옳은 일입니다. 그리고 아버지 여러분, 자녀들을 성나게 하지 말고 주님의 훈련과 훈계로 기르십시오(에페 6,1.4).

어떤 일이든 '주님 안에서 주님을 따라', 즉 복음의 마음가짐으로 함으로써만 참으로 충실한 삶이 될 수 있다는 것입니다.

37 일

나아가서 사회에서 사는 우리들의 생활이 복음의 증거가 되기 위해서는 태만에 빠지지 말고 일에 부지런해야 한다고 사도는 권고합니다.

> 우리가 여러분에게 지시한 대로, 조용히 살도록 힘쓰며 자기 일에 전념하고 자기 손으로 제 일을 하십시오. 그러면 바깥 사람들에게 품위 있게 처신할 수 있고 아무에게도 신세를 지는 일이 없을 것입니다(1테살 4,11-12).

> 형제 여러분, 우리는 우리 주 예수 그리스도의 이름으로 여러분에게 지시합니다. 무질서하게 살아가면서 우리에게서 받은 전통을 따르지 않는 형제는 누구든지 멀리하십시오. 우리를 어떻게 본받아야 하는지 여러분 자신이 잘 알고 있습니다. 우리는 여러분과 함께 있을 때에 무질서하게 살지 않았고, 아무에게서도 양식을 거저 얻어먹지 않았으며, 오히려 여러분 가운데 누구에게도 폐를 끼치지 않으려고 수고와 고생을 하며 밤낮으로 일하였습니다. 우리에게 권리가 없어서가 아니라, 우리 스스로 여러분에게 모범을 보여 여러분이 우리를 본받게 하려는 것이었습니다. 사실 우리는 여러분 곁에 있을 때, 일하기 싫어하는 자는 먹

지도 말라고 거듭 지시하였습니다. 그런데 듣자 하니, 여러분 가운데에 무질서하게 살아가면서 일은 하지 않고 남의 일에 참견만 하는 자들이 있다고 합니다. 그러한 사람들에게 우리는 주 예수 그리스도의 이름으로 지시하고 권고합니다. 묵묵히 일하여 자기 양식을 벌어먹도록 하십시오.

형제 여러분, 여러분은 낙심하지 말고 계속 좋은 일을 하십시오 (2테살 3,6-13).

어떤 일을 막론하고 '주님 안에서' 하는 것이지, 일을 위한 일로 하거나 교만하게 자랑거리로 해서는 결코 안 되겠습니다.

38 역할

또 우리들은 아버지께로부터 각자 제 나름의 천성과 개성을 받았습니다. '하느님도 하나, 주님도 하나, 믿음도 하나'이지만 거기에는 또 저마다의 소임과 역할이 있는 것입니다.

우리가 한 몸 안에 많은 지체를 가지고 있지만 그 지체가 모두 같은 기능을 하고 있지 않듯이, 우리도 수가 많지만 그리스도 안에 한 몸을 이루면서 서로서로 지체가 됩니다. 우리는 저마다 하느님께서 베푸신 은총에 따라 서로 다른 은사를 가지고 있습니다(로마 12,4-6).

몸은 한 지체가 아니라 많은 지체로 되어 있습니다. 발이 "나는 손이 아니니 몸에 속하지 않는다"고 말한다 해서, 몸에 속하지 않는 것이 아닙니다. 또 귀가 "나는 눈이 아니니 몸에 속하지 않는다"고 말한다 해서, 몸에 속하지 않는 것이 아닙니다. 온몸이 눈이라면 듣는 일은 어디에서 하겠습니까? 온몸이 듣는 것뿐이면 냄새 맡는 일은 어디에서 하겠습니까? 사실은 하느님께서 당신이 원하시는 대로 각각의 지체들을 그 몸에 만들어 놓으셨습니다. 모두 한 지체로 되어 있다면 몸은 어디에 있겠습니까? 사실 지체는 많지만 몸은 하나입니다. 눈이 손에게 "나는 네가 필요 없다" 할 수도 없고, 또 머리가 두 발에게 "나는 너희가 필요 없다" 할 수도 없습니다. 몸의 지체 가운데에서 약하다고 여겨지는 것들이 오히려 더 요긴합니다(1코린 12,14-22).

한 지체가 고통을 겪으면 모든 지체가 함께 고통을 겪습니다. 한 지체가 영광을 받으면 모든 지체가 함께 기뻐합니다. 여러분은 그리스도의 몸이고 한 사람 한 사람이 그 지체입니다(1코린 12,26-27).

교회 안에서 그 초창기부터 크게 나누어 두 가지 역할이 있어 왔다고 하겠습니다. 그 하나는 평신도의 역할이고 다른 하나는 성직자의 역할입니다. 교회는 평신도로 이루어집니다. 평신도는 하느님의 말씀과 은혜에 힘입어 살아 나가고 언제나 스스로 회개하면서 사람들에게 복음을 증거하며, 모두가 함께 하느님이신 아버지께 공동의 예배를 바칩니다.

한편 사도들이 행하던 역할을 이어받은 사람들, 즉 교황,* 주교,** 또는 주교를 도우면서 일하는 사제*** 등 봉사자들도 있습니다. 그들은 하느님 말씀과 은혜를 전하고 뉘우치는 이에게 용서를 베풀고 평신도의 신앙생활을 지도하며 공동 예배를 주례하는 일 등을 사명으로 삼고 교회에 봉사합니다. 이 봉사의 역할은 사도들 시대로부터 변함없이 전해 내려오는 것입니다.

이렇게 우리는 하느님의 자비를 입어 이 직분을 맡고 있으므로 낙심하지 않습니다. 그리고 우리는 부끄러워 숨겨 두어야 할 것들을 버렸으며, 간교하게 행동하지도 않고 하느님의 말씀을 왜곡하지도 않습니다. 오히려 진리를 드러내어 하느님 면전에서 모든 사람의 양심 앞에 우리 자신을 내세웁니다.

우리가 선포하는 것은 우리 자신이 아닙니다. 우리는 예수 그리

● 교황은 사도들의 으뜸 베드로의 계승자인 로마의 주교로, 교종敎宗이라고도 한다.
●● 주교는 지역 교회의 책임자로 '감독'이라는 뜻이다.
●●● 사제는 주교를 보필하는 '원로'라는 뜻이다.

스도를 주님으로 선포하고, 우리 자신은 예수님을 위한 여러분의 종으로 선포합니다. "어둠 속에서 빛이 비추어라" 하고 이르신 하느님께서 우리 마음을 비추시어, 예수 그리스도의 얼굴에 나타난 하느님의 영광을 알아보는 빛을 주셨습니다.
우리는 이 보물을 질그릇 속에 지니고 있습니다. 그 엄청난 힘은 하느님의 것으로, 우리에게서 나오는 힘이 아님을 보여 주시려는 것입니다.
"나는 믿었다. 그러므로 말하였다"고 성경에 기록되어 있습니다. 이와 똑같은 믿음의 영을 우리도 지니고 있으므로 "우리는 믿습니다. 그러므로 말합니다"(2코린 4,1-2.5-7.13).

이 두 가지 역할 중 어느 것이 더 우월하냐는 이야기가 아닙니다. 모든 것은 하느님께서 선택하고 선사하신 바일 따름입니다. 따라서 서로 겸허해야 하는 것입니다. 예수께서 친히 말씀하신 바 있습니다.

사도들 가운데에서 누구를 가장 높은 사람으로 볼 것이냐는 문제로 말다툼이 벌어졌다. 그러자 예수님께서 그들에게 이르셨다. "민족들을 지배하는 임금들은 백성 위에 군림하고, 민족들에게 권세를 부리는 자들은 자신을 은인이라고 부르게 한다. 그러나 너희는 그렇게 해서는 안 된다. 너희 가운데에서 가장 높은 사람은 가장 어린 사람처럼 되어야 하고 지도자는 섬기는 사람처럼 되어야 한다. 누가 더 높으냐? 식탁에 앉은 이냐, 아니면 시중들며 섬기는 이냐? 식탁에 앉은 이가 아니냐? 그러나 나는 섬기는 사람으로 너희 가운데에 있다"(루카 22,24-27).

서로 섬기는 시중듦으로써만 교회는 아버지와 그리스도께서 맡기신 사명을 다할 수 있습니다.

39 교회와 미사

교회는 이 세상이 계속되는 한 언제 어디서나 복음을 끊임없이 전하지만, 특히 복음 증거의 핵심인 예수님의 부활을 기념하고자 일요일에는 한데 모여 우리 안에 살아 계신 예수 그리스도와 함께 아버지께 감사의 표시를 바칩니다.

㉠ **말씀 전례**(성경 봉독과 강론)

이 모임은 '미사'라고 하여 우선 성경 봉독으로 시작됩니다. 봉독에 이어 강론이 있어 성경을 바탕으로 그리스도의 가르침이 풀이됩니다. 사도 바오로도 말하듯이 "믿음은 들음에서 오고 들음은 그리스도의 말씀으로 이루어지는 것"(로마 10,17)이기 때문입니다.

ⓛ **성찬 전례**(감사례)
미사의 중심을 이루는 것은 주 그리스도를 통하여 자애로우신 아버지께 감사를 드리는 일입니다. 그것은 우리가 아버지께로부터 받은 모든 은혜의 가장 분명한 증거인 주 그리스도의 부활을 기념함으로써 행해집니다.

특히 주 예수 그리스도께서 수난 전날 밤에 손에 빵을 들고 아버지께 감사하시며 "받아 먹어라. 이는 내 몸이다" 하시고, 저녁을 드신 다음 포도주 잔을 들고 다시 감사하신 후 "모두 이것을 받아 마셔라. 이는 내 피의 잔이니 모든 사람을 위해 이를 흘리리라. 이를 행할 때마다 너희는 나를 기념하라"고 하신 말씀을 아버지 앞에서 상기하면서 그리스도의 몸과 피가 된 빵과 포도주를 갖추어 받고, 주님의 말씀대로 주님을 기념하여 그 죽으심을 생각하고 그 부활하심을 경축하면서 하느님 나라의 완성과 나타남을 기다리고 바라는 것입니다.

40 완성의 날

우리들의 대망인 하느님 나라는 언제나 완성되는 것일까 묻게 됩니다. 하느님 나라는 지금 이미 와 있습니다. 다만 그 완성의 때는 아버지께서만 아십니다.

> 그러나 그날과 그 시간은 아무도 모른다. 하늘의 천사들도 아들도 모르고 아버지만 아신다(마르 13,32).

주 그리스도는 하느님 나라가 오늘 실현되고 있음을 믿으면서 살아 나가는 우리들에게 그 완성과 발현을 기다리기 위한 마음가짐으로서 다음과 같은 비유를 드셨습니다.

> 너희는 허리에 띠를 매고 등불을 켜 놓고 있어라. 혼인 잔치에서 돌아오는 주인이 도착하여 문을 두드리면 곧바로 열어 주려고 기다리는 사람처럼 되어라. 행복하여라, 주인이 와서 볼 때에 깨어 있는 종들! 내가 진실로 너희에게 말한다. 그 주인은 띠를 매고 그들을 식탁에 앉게 한 다음, 그들 곁으로 가서 시중을 들 것이다. 주인이 밤중에 오든 새벽에 오든 종들의 그러한 모습을 보게 되면, 그 종들은 행복하다!
> 이것을 명심하여라. 도둑이 몇 시에 올지 집주인이 알면, 자기

집을 뚫고 들어오도록 내버려 두지 않을 것이다. 너희도 준비하고 있어라. 너희가 생각하지도 않은 때에 사람의 아들이 올 것이다(루카 12,35-40).

그때에 하늘 나라는 저마다 등을 들고 신랑을 맞으러 나간 열 처녀에 비길 수 있을 것이다. 그 가운데 다섯은 어리석고 다섯은 슬기로웠다. 어리석은 처녀들은 등은 가지고 있었지만 기름은 가지고 있지 않았다. 그러나 슬기로운 처녀들은 등과 함께 기름도 그릇에 담아 가지고 있었다. 신랑이 늦어지자 처녀들은 모두 졸다가 잠이 들었다. 그런데 한밤중에 외치는 소리가 났다. "신랑이 온다. 신랑을 맞으러 나가라." 그러자 처녀들이 모두 일어나 저마다 등을 챙기는데, 어리석은 처녀들이 슬기로운 처녀들에게 "우리 등이 꺼져 가니 너희 기름을 나누어 다오" 하고 청하였다. 그러나 슬기로운 처녀들은 "안 된다. 우리도 너희도 모자랄 터이니 차라리 상인들에게 가서 사라" 하고 대답하였다. 그들이 기름을 사러 간 사이에 신랑이 왔다. 준비하고 있던 처녀들은 신랑과 함께 혼인 잔치에 들어가고, 문은 닫혔다. 나중에 나머지 처녀들이 와서 "주인님, 주인님, 문을 열어 주십시오" 하고 청하였지만, 그는 "내가 진실로 너희에게 말한다. 나는 너희를 알지 못한다" 하고 대답하였다. 그러니 깨어 있어라. 너희가 그날과 그 시간을 모르기 때문이다(마태 25,1-13).

우리들은 언제나 깨어 있으면서 신앙의 길을 가야만 합니다. 오늘 우리가 사는 세상 안에서 실현되고 있는 하느님 나라가 그 완성된 모습을 드러낼 때면 지금 우리 안에 현존하시는 주 예수 그리스도의 모습도 온전히 드러날 것입니다. 주님의 재림이라고 불리는 그날이야말로 온 우주가 기다리고 있는 만유 혁신의 날입니다.

우리 주 예수 그리스도의 아버지 하느님께서 찬미받으시기를 빕니다. 하느님께서는 그리스도 안에서 하늘의 온갖 영적인 복을 우리에게 내리셨습니다. 세상 창조 이전에 그리스도 안에서 우리를 선택하시어, 우리가 당신 앞에서 거룩하고 흠 없는 사람이 되게 해 주셨습니다. 사랑으로 예수 그리스도를 통하여 우리를 당신의 자녀로 삼으시기로 미리 정하셨습니다. 이는 하느님의 그 좋으신 뜻에 따라 이루어진 것입니다. 그리하여 사랑하시는 아드님 안에서 우리에게 베푸신 그 은총의 영광을 찬양하게 하셨습니다.

우리는 그리스도 안에서, 그리스도의 피를 통하여 속량을, 곧 죄의 용서를 받았습니다. 이는 하느님의 그 풍성한 은총에 따라 이루어진 것입니다. 하느님께서는 이 은총을 우리에게 넘치도록 베푸셨습니다. 당신의 지혜와 통찰력을 다하시어, 그리스도 안에서 미리 세우신 당신 선의에 따라 우리에게 당신 뜻의 신비를 알려 주셨습니다. 그것은 때가 차면 하늘과 땅에 있는 만물을 그리스도 안에서 그분을 머리로 하여 한데 모으는 계획입니다(에페 1,3-10).

장차 우리에게 계시될 영광에 견주면, 지금 이 시대에 우리가 겪는 고난은 아무것도 아니라고 생각합니다. 사실 피조물은 하느님의 자녀들이 나타나기를 간절히 기다리고 있습니다.
우리는 모든 피조물이 지금까지 다 함께 탄식하며 진통을 겪고 있음을 알고 있습니다. 그러나 피조물만이 아니라 성령을 첫 선물로 받은 우리 자신도 하느님의 자녀가 되기를, 우리의 몸이 속량되기를 기다리며 속으로 탄식하고 있습니다(로마 8,18-19.22-23).

하느님 나라의 나타남을 기다리면서 우리는 우리 삶의 완성을 향해 나아가는 것입니다. 특히 죽는다는 것은 하느님 나라의 나타남과 관련되는 우리 삶의 완성으로, 인생의 끝장 따위가 아닙니다.

주 그리스도는 말씀하십니다.

> 나는 부활이요 생명이다. 나를 믿는 사람은 죽더라도 살고, 또 살아서 나를 믿는 모든 사람은 영원히 죽지 않을 것이다(요한 11,25-26).

하느님 나라가 환히 나타날 때 우리의 생애도 그 열매를 완전히 맺게 됩니다.

> 나는 훌륭히 싸웠고 달릴 길을 다 달렸으며 믿음을 지켰습니다. 이제는 의로움의 화관이 나를 위하여 마련되어 있습니다. 의로운 심판관이신 주님께서 그날에 그것을 나에게 주실 것입니다. 나만이 아니라, 그분께서 나타나시기를 애타게 기다린 모든 사람에게도 주실 것입니다(2티모 4,7-8).

> 우리 모두 그리스도의 심판대 앞에 나서야 합니다. 그래서 저마다 좋은 것이든 나쁜 것이든, 이 몸으로 한 일에 따라 갚음을 받게 됩니다(2코린 5,10).

41 요한 묵시록

하느님 나라의 완성과 발현에 관해 사도 요한은 묵시록을 썼습니다. 이 글은 당시 교회가 직면하고 있던 온갖 곤란, 특히 박해 한가운데서 신자들이 신뢰와 용기를 가지고 증거를 계속할 수 있도록 격려하기 위해서 지은 것으로 신약 성경의 맨 끝을 장식하고 있습니다.

요한은 완성된 하느님 나라의 상징, 새로운 예루살렘을 우리 눈앞에 그려 내 보입니다.

> 나는 또 새 하늘과 새 땅을 보았습니다. 거룩한 도성 새 예루살렘이 신랑을 위하여 단장한 신부처럼 차리고 하늘로부터 하느님에게서 내려오는 것을 보았습니다. 그때에 나는 어좌에서 울려오는 큰 목소리를 들었습니다.
> "보라, 이제 하느님의 거처는 사람들 가운데에 있다.
> 하느님께서 사람들과 함께 거처하시고
> 그들은 하느님의 백성이 될 것이다.
> 하느님 친히 그들의 하느님으로서 그들과 함께 계시고
> 그들의 눈에서 모든 눈물을 닦아 주실 것이다.
> 다시는 죽음이 없고
> 다시는 슬픔도 울부짖음도 괴로움도 없을 것이다.

이전 것들이 사라져 버렸기 때문이다."

그리고 어좌에 앉아 계신 분께서 말씀하셨습니다. "보라, 내가 모든 것을 새롭게 만든다." 이어서 "이것을 기록하여라. 이 말은 확실하고 참된 말이다" 하신 다음, 또 나에게 말씀하셨습니다. "다 이루어졌다. 나는 알파이며 오메가이고 시작이며 마침이다. 나는 목마른 사람에게 생명의 샘에서 솟는 물을 거저 주겠다. 승리하는 사람은 이것들을 받을 것이며, 나는 그의 하느님이 되고 그는 나의 아들이 될 것이다"(묵시 21,1-7).

이 일들을 증언하시는 분께서 말씀하십니다.
"그렇다, 내가 곧 간다"(묵시 22,20).

그날은 바로 우리들이 주 예수 그리스도와 더불어 하늘의 나라, 하느님 나라를 물려받을 날, 승리의 월계관의 날, 영원한 주님의 날입니다.

요한은 묵시록을 다음의 말로 맺습니다. 그것은 성경 전체를 묶는 말이요, 우리 모두, 즉 하느님 나라를 기다리고 바라는 모든 사람의 신앙이요 희망이요 기원입니다.

아멘.

오십시오,

주 예수님!(묵시 22,20).

책 끝에

『예수의 길』은 첫인사나 다름없습니다.

더 깊은 사귐에 마음이 있으면 성경을 조용히 펴 보시고,
말씀을 나누시고 싶으면 가까운 성당을 찾아 주십시오.

편역대본
『キリストの教え・入門』

カトリック 東京教區 出版部 發行

이 책의 바탕을 이룬 『キリストの教え・入門』의 활용을 허락하신
도쿄 대교구 시라야나기 세이이치白柳誠一 추기경께 감사드립니다.

옮겨엮은이